文法・練習を中心に

中国語急就篇

初級から中級まで

王 瑞 来 著

白 帝 社

まえがき

　「急就篇」というのは、文面の意味で見れば、「速成のもの」あるいは「インスタントなもの」でしょう。これはわたくしの造語ではなく、前漢の元帝時代（B.C.48年～B.C.33年）、史遊という官僚が子供に向けて作った漢字認識のテキストに「急就篇」と名付けています。さらに明治時代の中国語教育の先駆者も「急就篇」という書名を借用して教科書名として使っています。わたくしがこの旧来の書名をそのまま使用するのは、中国語教育の領域において先賢を継承することを志す一方、やはりその文面の「速成」という意味を取りたいためです。いままで十年にわたって日本の大学で中国語を教えている間、何種類もの中国語教科書を使ってきました。それらの教科書は内容的には豊富かもしれませんが、ほとんど一年間の授業で終えられないものです。長い間これに残念と痛感を抱き、一年間の授業で終えられるテキストを作ろうとしたのが、この教科書を編纂した初志です。

　この目標を達成するために、この教科書は短い１０課で類別して中国語の発音と文法が密度の高い帰納で行われて、初級から中級までの中国の基本的な文法がほとんど包括されています。さらに中国の国家試験として漢語水平考試の主要依拠である『漢語水平詞彙与漢字等級大綱』の甲級詞に準じて、近年以来出てくる新しい語彙も若干収録され、所出語彙は一千三百以上に達しました。学生諸君が充分に実力をつけるために、多くの練習問題も設置したのです。

　本書は「音韻篇」「予習篇」「語文篇」「付録篇」からなるものです。「音韻篇」は発音の入門です。「予習篇」は人称・指示代詞と方位詞および中国語文法の基本類型を紹介するものです。「語文篇」は本書の主要な部分として、毎課は「課文」(本文)「解字」(新出語彙の説明)「説文」(文法の説明)「話本」(場面別の日常会話)「学而時習之」(練習問題)によって構成されております。「付録篇」は学習者に対して参考になるものとして用例を付する中国語の品詞分類表・常用量詞表・常用標点符号表と音節表・中国方言地図を付したものです。さらに最後に本書所出の語彙を全部まとめて日本語の釈義をつけた「語彙表」を付して、小型辞書として使用できると思います。

　長い年月にわたって中国語教育の場に立ちますと、どうすれば日本人学生にやさしく理解させるのか、自分なりのやりかたも次第にできつつありました。以上の設計はそれを具体的に表しています。一方、単に外国語をある技能として教えることには反対するという自分の理念によって、一貫して中国語を中国文化として学生諸君に紹介するように、この教科書は、本文の内容に結びつけて昔の中国の辞書である『広雅』という名前を借りて毎課に中国文化を理解させるコラムを設置しました。みなさん、この懐古趣味に満ちた教科書を通して中国語を学びながら、芳醇な紹興酒を味わうように中国文化の深さ、広さ、面白さを味わいましょう。

　最後に、本書の出版にあたって、白帝社編集長の佐藤多賀子氏、ならびに編集部の伊佐順子氏に大変お世話になりました。ここに感謝の意を表します。

　　　　　　　　　　　　　　　　　　　　　　　　　　　　　　　　　著者

"话本"日常会話目次

1. 出会った時の挨拶語（附：ほかの日常表現） ……………… 7
2. 久しぶりに会った時の挨拶語 ……………………………… 14
3. 人を訪問するとき ………………………………………… 25
4. 初対面 ……………………………………………………… 36
5. 道を尋ねる ………………………………………………… 46
6. 診察を受けるとき ………………………………………… 54
7. 買い物 ……………………………………………………… 62
8. 日時を尋ねる ……………………………………………… 71
9. トラブル …………………………………………………… 79
10. レストランにて …………………………………………… 88

"广雅"コラム目次

1. 中国語とはなにか ………………………………………… 4
2. 中国語の声調（1）旧四声と新四声 ……………………… 6
3. 中国語の声調（2）変調のさまざま ……………………… 12
4. 中国語の注音法 …………………………………………… 13
5. 方位と中国・日本の国名 ………………………………… 24
6. 中国語と日本語（1）同文なのか ………………………… 40
7. 中国語と日本語（2）語義の古今異同 …………………… 45
8. 度量衡統一と「書同文、車同軌」 ………………………… 53
9. 中国語の語順 ……………………………………………… 61
10. 科挙と試験 ………………………………………………… 69
11. 大事な句点 ………………………………………………… 70
12. 古今の留学 ………………………………………………… 78
13. 中国語の辞書と検索法 …………………………………… 87

目　次

音韻篇 …………………………………………………………………… 1

第一課　主韻母・声母・声調／3
第二課　複韻母・鼻韻母・児化韻・変調／10

予習篇 …………………………………………………………………… 19

第三課　代詞・連語・文法関係・方位詞／21

語文篇 …………………………………………………………………… 29

第四課　妈妈来信／31
　　　　疑問文のさまざま　　1．一般疑問文　　2．反復疑問文　　3．特定疑問文
　　　　　　　　　　　　　　4．選択疑問文　　5．推量疑問文　　6．数量疑問文
　　　　　　　　　　　　　　7．願望疑問文　　8．省略疑問文　　9．語調疑問文
　　　　"的"の構文（1）　　慣用型"从……到……"　　慣用文型"除了……以外"
　　　　介詞の"給"　　年月日・曜日の言い方

第五課　我的朋友／41
　　　　動詞謂語文（1）一般形　　1．賓語なしの文　　2．賓語つきの文
　　　　　　　　　　　　　　　　　3．二重賓語文
　　　　動詞謂語文（2）"是"の構文　　1．等しいことを表す　　2．説明を表す
　　　　　　　　　　　　　　　　　　　3．存在を表す
　　　　"的"の構文（2）　　名詞謂語文
　　　　複文（1）　　並列複文

第六課　我的小天地／49
　　　　"有"の構文　　1．所有を表す　　2．存在を表す
　　　　　　　　　　　3．評価を表す　　4．発生・出現を表す
　　　　"在"の構文　　1．動詞　2．介詞：動詞の前に／動詞の後に　3．"在……下"
　　　　動作・状態を並べる表現　　伝聞を表す
　　　　一般量詞：名量詞／動量詞　　絶対量詞：長さ／重さ／面積／容積

第七課　北京的夏天／57
　　　　形容詞謂語文　　連動文
　　　　比較の表現　　1．"比"　　2．"没有"　　3．"像……一样"
　　　　数字とお金の言い方
　　　　複文（2）　　1．因果複文　　2．添加複文　　3．接続複文

第八課　期末复习／65
　　　　動作の態——動態助詞の"了""着""过"
　　　　1. 変化　　2. 仮定・経常的完了　　3. 実質的完了
　　　　4. 進行　　5. 持続　　　　　　　　6. 経験
　　　　時間帯と時刻の表現
　　　　強調の表現　"连……也……"　推測の表現　"大概……吧"
　　　　複文（3）　逆接複文

第九課　旅行计划／74
　　　　補語の表現　　1. 結果補語　2. 程度補語　3. 可能補語
　　　　　　　　　　　4. 趨向補語：単純趨向補語／複合趨向補語
　　　　　　　　　　　5. 数量補語：時間量／動作量　6. 介賓補語
　　　　願望を表す　"想、要、希望、准备、打算、愿、祝"
　　　　感情を表す　"爱、好 hào、喜欢、恨、反感、讨厌、嫉妒"
　　　　考えの述べ方　"想、觉得、感到、认为、以为"
　　　　可能性を表す　"能、会、可以"　　必然性を表す"会"
　　　　動作の直後を表す　　動詞の重ね型
　　　　反語で肯定を表す　"不是……吗"
　　　　複文（4）　1. 仮定複文　2. 条件複文

第十課　回国之前／83
　　　　受身文　　使役文
　　　　"把"の構文　　"就"の構文　　"然后"の構文
　　　　介詞の"对"と"跟"　副詞の連続"越……越……"　形容詞の重ね型
　　　　禁止の表現　意志の表現　二重否定
　　　　複文（5）　譲歩取捨複文

付録篇 …………………………………………………………………… 93

中国語品詞分類表／94

中国語常用量詞表／95

中国語常用標点符号表／96

語彙表／97

中国方言地図／121

中国語音節表／122

音韻篇

本書の構成項目名の意味について

　本書の毎課に設置した項目は、ほかの教科書にはあまり見られないものだろう。これは単に中国的であるだけでなく、中国の古代文化とも一定の関連がある。「課文」は中国では教科書の本文に対する通常の言い方として、勉強した後に試す文章という意味である。古代の学校では「日課」という課業がすでにあった。「課文」の次の、新出単語の説明「解字」と文法の説明「説文」は、中国における最古の字典である後漢許慎の『説文解字』という書名によるものである。日常会話の「話本」はもともと宋代の小説を指すが、本書はそれを借りて「話の本」という文面通りの意味を表す。教科書の内容にかかわる中国文化を紹介するコラム「広雅」はもともと三国時代の張揖が著した有名な辞書の書名であるが、それを借りて知識を広めるという意図、または意味を表す。最後に練習の部分は「学而時習之」（学びて時に之を習う）という項目名をつけた。それは日本人にも親しまれる孔子『論語』の冒頭の言葉である。このように項目を設けるのは、単調な語学の勉強にすこしでも面白さを添えるための工夫である。

第一课　主韻母・声母・声調
Dì yī kè

1. 中国語の音節

　『新華字典』の「漢語拼音音節索引」によると、中国語には410あまりの音節があり、さらに声調も含めれば、『現代漢語詞典』の「音節表」のように、全部で1320あまりの音節がある。

　中国語の音節は伝統的中国音韻学でいえば、だいたい声母と韻母からなるものである。現代言語学でいえば、声母は子音ともいい、韻母は母音ともいう。音節構造の具体的な様子は次の表の通りである。

中国語音節構造表

音節・例詞	声母 （子音）	韻母（母音）			声調
		韻頭 （介音）	韻腹 （主母音）	韻尾 （尾音）	
sōng（松）	s		o	ng	第1声
bó　（柏）	b		o		第2声
ào　（傲）			a	o	第4声
xuě（雪）	x	ü	e		第3声
kuáng（狂）	k	u	a	ng	第2声
a　（啊）			a		軽声

※例文：松柏傲雪狂啊。〔荒れ狂う雪に松柏は傲然とそびえるよ。〕

2. 主韻母

　韻母とは口の中の通路で息が阻まれない発音である。上表を見ると、音節として、最も重要なのは韻腹としての主韻母である。それがなければ、音節が構成できない。発音の勉強は、この主韻母から始めよう。

　主韻母は単韻母ともいい、中国語には6つある。その発音方法によって、4種類に分けられる。これは伝統的音韻学では「四呼」と呼ばれる。つまり開口呼(かいこうこ)（口をやや大きく開けた発音）・斉歯呼(せいしこ)（唇を左右に強く引いた発音）・合口呼(ごうこうこ)（唇をつぼめて丸くつきだした発音）・撮口呼(さつこうこ)（唇をつぼめた滑らかな発音）である。さ

らに発音の響きによって開口呼と合口呼を「洪音（こうおん）」と呼び、斉歯呼と撮口呼を「細音（さいおん）」と呼ぶ。あらゆる音節は四呼に分けられる。

韻母表（1）

発声法	開口呼			斉歯呼	合口呼	撮口呼
主母音	a	o	e	i	u	ü
例詞	啊	噢	鹅	衣	屋	鱼

☞ 四呼の口形図

開口呼　　　斉歯呼　　　合口呼　　　撮口呼

广雅　中国語とはなにか

　中国語は中国では「漢語」とよばれる。これは日本人が中学校時代からならってきた漢文とは異なる概念である。日本でいう「漢文」或いは「漢語」は古代の中国語にあたる。中国でいう「漢語」は全人口の90パーセント以上を占める漢民族が使う言語である。それはほかの外国語に対して「中文」ともいう。広い中国では、同じ漢語でも数多くの方言が使われている。それが相互交流の壁となっている。14世紀以来、北京が中国の政治的中心となったため、その北京語を中心とする北方方言がいわゆる「官話」になって、普遍的に使われるようになった。20世紀の初め、北京語は国語として正式に指定された。さらに1955年に中国政府は北方方言を基礎に、北京語を標準発音とし、かつ代表的な近代口語文の作品を文法的規範としたものを共通語である「普通話」に定めて、全国に押し広めている。一方、1956年に中国政府は文化の普及と漢字の規範のために、『漢字簡化方案』を公表した。そのため中国語に使用する漢字として、いま、中国大陸とシンガポールの「簡体字」（略字）、台湾・香港・マカオの「繁体字」（旧字）が併存することとなった。日本の当用漢字を含めば、世界中で、三種類の漢字が使われている。例えば、「トショ」という言葉を表記する漢字について、「圖書」（繁体字）「图书」（簡体字）「図書」（当用漢字）がある。

☞ 主韻母の発音要領

   a 「ア」よりも口を大きく開いて発音する。
   o 「オ」よりも唇をまるく突き出して発音する。
   e 「エ」の口の形をして、喉の奥から「オ」を発音する。
   i 「イ」よりも唇を強く左右に引いて発音する。
   u 「ウ」よりも唇をまるく突き出して発音する。
   ü 「ユ」の口の形をして、「イ」を発音する。

※以上、理解しやすくするために、便宜上主韻母の発音を日本語の母音に擬したが、厳密にいえば、それは実際の発音と全く等しいわけではない。この点について留意されたい。

3．声母

韻母と正反対に、息が音声器官の障害を克服する発音が声母である。中国語には21の声母がある。発音の特徴と発音の部位は次の表を見よう。

声母表

発音部位＼発音特徴	無気音	有気音	鼻音	摩擦音	側面音
両唇音	b	p	m		
唇歯音				f	
舌尖音	d	t	n		l
舌根音	g	k		h	
舌面音	j	q		x	
捲舌音	zh	ch		sh　r	
舌歯音	z	c		s	

声母詩

明・蓝茂

dōng fēng pò zǎo méi
东 风 破 早 梅，

xiàng nuǎn yī zhī kāi
向 暖 一 枝 开。

bīng xuě wú rén jiàn
冰 雪 无 人 见，

chūn cóng tiān shàng lái
春 从 天 上 来。

零声母：y　w

『漢語拼音方案』の規定によって、iとiつきおよびüとüつきの韻母の前に声母がなければ、yを声母として表記する。同様にuとuつきの韻母の場合はwを声母とする。また、üとüつきの韻母の前にy・j・q・xという声母がつく場合、üの上の点は省略する。

主韻母・声母・声調

4. 声調

中国語の普通話には、4種類の声調がある。これは「四声」という。四声の発音は、五度音階表記法によると、下図のように、順番に55, 35, 214, 51である。

第1声（陰平）：高平調（高く平らに）　　5-5
第2声（陽平）：上昇調（尻上がりに）　　3-5
第3声（上声）：抑揚調（低く抑えて
　　　　　　　　　　からやや上げ）　　2-1-4
第4声（去声）：下降調（尻下がりに）　　5-1

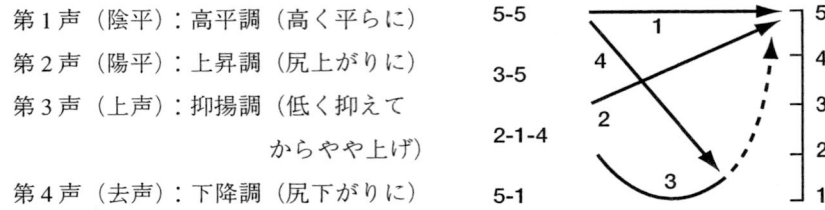

四声のほか、次の例2のように**軽声**もある。これは話すとき、ある音節の後ろの語が本来の声調を失って、軽く短く発声されることである。

例1	mā	má	mǎ	mà	jī	jí	jǐ	jì
	妈	麻	马	骂	鸡	急	挤	寄
例2	bàba	rìzi	shítou	kèqi	yīfu	gùshi	yìsi	shīfu	zhǔyi
	爸爸	日子	石头	客气	衣服	故事	意思	师傅	主意

> **广雅**　中国語の声調（1）旧四声と新四声
>
> 中国語は音楽性に富む言語である。その音楽性は文字の発音が優美で高低抑揚の調子を持っていることを指す。古代漢語は平・上・去・入という四声をもっていたが、普通話では入声が消失し、平・上・去という声調が依然存在している。その平声が陰平・陽平に分かれ、陰平・陽平・上・去という新四声となった。

日常会話（1）出会った時の挨拶語

甲：Nǐ hǎo! 你 好！	（こんにちは。）
乙：Nǐ hǎo! 你 好！	（こんにちは。）
甲：Zǎoshang hǎo! 早上 好！	（おはようございます。）
乙：Zǎoshang hǎo! 早上 好！	（おはようございます。）
甲：Wǎnshang hǎo! 晚上 好！	（こんばんは。）
乙：Wǎnshang hǎo! 晚上 好！	（こんばんは。）
甲：Wǎn'ān! 晚安！	（お休みなさい。）
乙：Wǎn'ān! 晚安！	（お休みなさい。）
甲：Chī fàn le ma? 吃（饭）了 吗？	（食事は済みましたか。）
乙：Chī guo le, nǐ ne? 吃（过）了，你 呢？	（食事は済みました。あなたは？）
甲：Nǐ qù nǎr? 你 去 哪儿？	（どこに行かれるのですか。）
乙：Qù nà biān, nǐ ne? 去 那 边，你 呢？	（あそこに行きます。あなたは？）

主韻母・声母・声調　　7

甲：我 也 是。再见。　　（ぼくもそうです。さようなら。）
　　Wǒ yě shì. Zàijiàn.

乙：回 头 见。　　（またあとで。）
　　Huí tóu jiàn.

附：ほかの日常表現

依頼：劳驾。　　（すみません、お願いします。）
　　　　Láojià.

　　　　麻烦 你 一 下。　　（ちょっとお願いします。）
　　　　Máfan nǐ yī xià.

賛成：好。（よろしい。）好吧。（いいでしょう。）行。（よろしい。）是。（はい。）
　　　　Hǎo.　　　　　　Hǎo ba.　　　　　　　　Xíng.　　　　　　Shì.

　　　　对。（そうです。）可以。（さしつかえありません。）没问题。（大丈夫です。）
　　　　Duì.　　　　　　Kěyǐ.　　　　　　　　　　　　Méi wèntí.

拒否：不 行。（だめです。）我 不 同意。（私は賛成しません。）
　　　　Bù xíng.　　　　　　Wǒ bù tóngyì.

　　　　我 反对。（私は反対です。）
　　　　Wǒ fǎnduì.

　　　　我 不 能 做。（私はやることができません。）
　　　　Wǒ bù néng zuò.

　　　　我 不 会 去。（私は行くはずはありません。）
　　　　Wǒ bù huì qù.

※ ゴシック体のところにはほかの関連語彙で入れ替えられる。

理由を聞く：为什么？（なぜですか。）
　　　　　　　Wèishénme?

謙遜の表現：哪里 哪里。过 奖 了。不 敢 当。
　　　　　　　Nǎli nǎli.　Guò jiǎng le.　Bù gǎn dāng.
　　　　　　　（おそれいります；どういたしまして。）

学而时习之

一、次の単韻母の単語を発音練習しながらその意味を調べてみよう。

é	é	ě	è	yī	yí	yǐ	yì
俄	额	恶	饿	医	夷	倚	译

wū	wú	wǔ	wù	yū	yú	yǔ	yù
巫	无	舞	误	迂	愚	雨	遇

二、次の声母と単韻母からなる単語を発音練習しながらその意味を調べてみよう。

gēge	dìdi	bóbo	shūshu	gūgu	āyí
哥哥	弟弟	伯伯	叔叔	姑姑	阿姨

wǒ	nǐ	tā	zhè	nà	nǎ
我	你	他	这	那	哪

bǐ	bù	pá	pà	pò	dǎ	dú	tī	tú	ná	lā	gē
笔	布	爬	怕	破	打	读	踢	提	拿	拉	歌

kě	kè	kū	hē	hé	hú	jǔ	qí	qǐ	zì	cí	cā
渴	课	哭	喝	河	湖	举	骑	起	字	词	擦

zhǐ	zhū	chá	chá	chī	chē	shì	shì	shū	shū	shǔ	shù
纸	猪	茶	查	吃	车	事	试	书	输	数	树

bìxū	bùrú	mǎkè	fúwù	fùxí	fùzé	túshū	lìkè	lìshǐ	lìrú
必须	不如	马克	服务	复习	负责	图书	立刻	历史	例如

kǎchē	jíhé	jìxù	jìshù	jùzi	qǔdé	qìchē	zǔzhī	sùshè	yùxí
卡车	集合	继续	技术	句子	取得	汽车	组织	宿舍	预习

yěxǔ	yìyì	wàzi	wùlǐ	wūzi	zhīshi	zhùyì	chūfā	shíjì	Rìyǔ
也许	意义	袜子	物理	屋子	知识	注意	出发	实际	日语

第二课　複韻母・鼻韻母・児化韻・変調
Dì èr kè

1. 複韻母

単韻母に対して、韻母に韻頭或いは韻尾を持っているものは複韻母という。これは全部で13ある。次の表を見よう。

韻母表（2）

発音特徴＼発声法	開口呼	斉歯呼	合口呼	撮口呼
前響き	ai ao ei ou			
中響き		iao iu(iou)	uai ui(uei)	
後響き		ia ie	ua uo	üe

2. 鼻韻母

鼻音付きの韻母は鼻韻母という。全部で16ある。韻尾によって、前鼻韻母（n 韻尾）と後鼻韻母（ng 韻尾）に分けられる。次の表を見よう。

韻母表（3）

発音特徴＼発声法	開口呼	斉歯呼	合口呼	撮口呼
前鼻韻母	an　en	ian　in(ien)	uan　un(uen)	üan　ün(üen)
後鼻韻母	ang eng ong	iang ing(ieng)	uang ueng	iong

3. 捲舌韻母 er と児化韻

以上で習った韻母のほか、またもう一つ捲舌韻母「er」がある。この韻母は単独の音節を構成できるのみならず、ほかの韻母の後ろにつき、その韻母も捲舌韻母にさせられる。この普通話に特有の発音現象は**児化**という。児化韻の発音は、声が柔らかくなるため、一般的にいえば親切感を与えるという役割を果たせる。

☞ er 音節の常用語彙

ér	ér	ěr	ěr	èr
儿	而	耳	饵	二

> **参考**
>
> 児化の漢字表記は"儿"をつけるが、それは必ずしもすべてつけることではない。なお、拼音の綴り方は韻尾＋rの形式が普通であるが、次の場合にはちょっと違う。
>
> 1. 声母 zh, ch, sh, r, z, c, s の後では、i 韻尾を er にする。
>   例：墨汁儿 (mòzher)　小吃儿 (xiǎochēr)
> 2. n 韻尾は n をとって er にする。
>   例：树林儿 (shùliér)　连衣裙儿 (liányīquér)
> 3. 韻尾 ai, an は ar にする。
>   例：金牌儿 (jīnpár)　山尖儿 (shānjiār)
> 4. 韻尾 ei, en は er にする。
>   例：根儿 (gēr)　本儿 (běr)
>
> 以上は児化韻を実際の発音によってそれぞれ擬したものであるが、その表記法は未だ学界または教学の現場に定着していないようである。本書では学習者の記憶の混乱を避けるために、便宜上従来と同じように韻尾＋rという形式で児化韻を表す。

4．変調

変調とは音節を連続して読むときに生ずる声調変化である。主な変調は次の通りである。

(1) "一"の変調

① 一　yī＋1・2・3声　→　yì＋1・2・3声

例：本来の声調　yī bēi　　yī tiān　　yīzhí　　yī nián　　yī běn　　yī liǎng
　　　　　　　 一杯　　　一天　　　一直　　　一年　　　一本　　　一两
　　　実際の声調　yì bēi　　yì tiān　　yìzhí　　yì nián　　yì běn　　yì liǎng

② 一　yī＋4声　→　yí＋4声

例：本来の声調　yīdìng　　yī gè　　yīqiè　　yīzhì
　　　　　　　 一定　　　一个　　　一切　　　一致
　　　実際の声調　yídìng　　yí gè　　yíqiè　　yízhì

(2)　"不"の変調

$$bù + 4声 \rightarrow bú + 4声$$

例：本来の声調　bù shì　　bù zài　　bù yào　　bù duì　　bù qù　　bù kèqi
　　　　　　　　不是　　　不在　　　不要　　　不对　　　不去　　　不客气
　　実際の声調　bú shì　　bú zài　　bú yào　　bú duì　　bú qù　　bú kèqi

(3)　「3声」の変調

$$3声 + 3声 \rightarrow 2声 + 3声$$

例：本来の声調　nǐ hǎo　　yǔfǎ　　shuǐguǒ　　shǒubiǎo　　yǒngyuǎn　　fěnbǐ　　nǎli
　　　　　　　　你好　　　语法　　水果　　　　手表　　　　永远　　　　粉笔　　哪里
　　実際の声調　ní hǎo　　yúfǎ　　shuíguǒ　　shóubiǎo　　yóngyuǎn　　fénbǐ　　náli

广雅　中国語の声調（2）変調のさまざま

　中国語の声調は、実際の会話において、音節を連続して速く話すと、後ろの音節の声調の影響を受けて、変化が生じる場合がかなりある。よく指摘される"一""不"と「3声+3声」のほか、数字の"七 qī"と"八 bā"も、後ろに第4声の音節をつけると、第2声でよむ場合がよくある。たとえば、"七上八下 qíshàng-báxià"である。また「2声+2声」の場合、後ろの2声はよく第1声でよまれる。例えば"长城 chángchēng""茶壶 cháhū"などである。「3声+1声」「3声+2声」「3声+4声」の場合、その3声は本来の調値214から21という半3声でよむ。「4声+4声」の場合、前の4声は本来の調値51から53という半4声でよむ。ところが、以上の変調については、あまりはっきりしておらず、そのまま本来の声調でよむ場合もあるため、教科書としては一般にふれないようである。

参考 語気詞 "啊 a" の変声

"啊"の前の韻尾	"啊"と一緒に読むときの変声	例文・発音
i・ü	ya	谁啊（呀）→ shéi ya
a・e	ya（或いは不変）	真热啊（呀）→ zhēnrè ya
u(ao ou)	wa	好啊（哇）→ hǎo wa
n	na	看啊（哪）→ kàn na
ng	nga	行啊→ xíng nga

☞ 声調記号［ー ／ ∨ ＼］の付け方
  (1)［a］があればその上につける。例：快 kuài
  (2)［a］がなければ［e］［o］の上につける。例：黑 hēi；锅 guō
  (3)［a］［e］［o］がなければ［i］［u］の上につける。例：心 xīn；孙 sūn
  (4)［i］［u］両方あれば、後ろにつける。例：腿 tuǐ
  (5)［i］の上につければ、その点を取る。

广雅　中国語の注音法

　中国語の発音表記について、伝統的なものは、直音法（同音字で発音を表す方法。「墙，音强」の如く）と反切法（二文字を選び、前の字の声母と後ろの字の韻母とを綴り、発音を表す方法。「中，陟弓切」の如く）がある。20世紀初には、カタカナのような注音字母を採用しているが、1958年から、口国式のローマ字で表す漢語拼音が使い始められるようになった。欧米ではトーマス・ウェード氏が作ったウェード式ローマ字で表すのが普通であるが、近年以来、次第に漢語拼音の使用が一般的になりつつある。

日常会話（2） 久しぶりに会った時の挨拶語

甲：好久不见了。
　　Hǎojiǔ bù jiàn le.
（お久しぶりです。）

乙：久违，久违！
　　Jiǔwéi, jiǔwéi!
（お久しぶりです。）

甲：你（身体）好吗？
　　Nǐ shēntǐ hǎo ma?
（お元気ですか。）

乙：（托您的福，）很好。
　　Tuō nín de fú, hěn hǎo.
　　你怎么样？
　　Nǐ zěnmeyàng?
（おかげさまで元気です。あなたはいかがですか。）

甲：（我）还好。
　　Wǒ hái hǎo.
（まあまあ、元気です。）

　　家里人都好吗？
　　Jiāli rén dōu hǎo ma?
（ご家族のみなさんはお元気ですか。）

乙：谢谢，都很好。
　　Xièxie, dōu hěn hǎo.
（ありがとう、みんな元気です。）

甲：你最近怎么样？
　　Nǐ zuìjìn zěnmeyàng?
（最近いかがですか。）

乙：老样子。
　　Lǎo yàngzi.
（いつものとおりです。）

甲：最近忙吗？
　　Zuìjìn máng ma?
（最近お忙しいですか。）

乙：很忙。／不太忙。
　　Hěn máng. / Bùtài máng.
（忙しいです。／あまり忙しくないです。）

一、発音練習

四声の組み合わせ（1）

1声＋1声：	cānguān 参观	jīguāng 激光	biāoqiān 标签	tōngzhī 通知
1声＋2声：	guāngpán 光盘	shīmián 失眠	gōngrén 工人	jiātíng 家庭
1声＋3声：	fēngxiǎn 风险	jīběn 基本	shuākǎ 刷卡	jīchǎng 机场
1声＋4声：	zōngjiào 宗教	shōurù 收入	kāihù 开户	zhīpiào 支票
1声＋軽声：	qīngchu 清楚	shūfu 舒服	dōngxi 东西	xiāoxi 消息

四声の組み合わせ（2）

2声＋1声：	nóngcūn 农村	Báigōng 白宫	wénzhāng 文章	niánqīng 年轻
2声＋2声：	lánqiú 篮球	húdié 蝴蝶	shíyóu 石油	shítáng 食堂
2声＋3声：	ménzhěn 门诊	huánbǎo 环保	báilǐng 白领	dúpǐn 毒品
2声＋4声：	qíngkuàng 情况	áizhèng 癌症	yánsè 颜色	juédìng 决定
2声＋軽声：	piányi 便宜	liángkuai 凉快	máfan 麻烦	hútu 糊涂

四声の組み合わせ（3）

	shǔbiāo	hǎiguān	yǎnchū	dǔchē
3声＋1声：	鼠标	海关	演出	堵车
	yǐqián	wǎngchóng	dǎoyé	jǔxíng
3声＋2声：	以前	网虫	倒爷	举行
	yǐngxiǎng	wǔjǐng	dǎsǎo	yǒngyuǎn
3声＋3声：	影响	武警	打扫	永远
	gǔpiào	qǐngjià	lǐwù	wǎnhuì
3声＋4声：	股票	请假	礼物	晚会
	qǐlai	nuǎnhuo	mǎimai	jiǎozi
3声＋軽声：	起来	暖和	买卖	饺子

四声の組み合わせ（4）

	diàndēng	kuàicān	jiànkāng	lùshī
4声＋1声：	电灯	快餐	健康	律师
	tiàocáo	jiùzhí	mùqián	wàiguó
4声＋2声：	跳槽	就职	目前	外国
	xiàgǎng	mìmǎ	qìshuǐ	zhèngfǔ
4声＋3声：	下岗	密码	汽水	政府
	rùshì	dìnghuò	shènglì	kèhù
4声＋4声：	入世	订货	胜利	客户
	gàosu	zhàogu	tàidu	yuèliang
4声＋軽声：	告诉	照顾	态度	月亮

二、漢詩朗読

    chūn xiǎo
    春　　晓　（五言絶句）

     Mèng Hàorán
     孟　　浩然

chūn mián bù jué xiǎo
春　　眠　　不　觉　晓，▲　　　　春眠、暁を覚えず

chù chù wén tí niǎo
处　　处　　闻　啼　鸟。▲　　　　処処に啼鳥を聞く

yè lái fēng yǔ shēng
夜　　来　　风　雨　声，　　　　　夜来、風雨の声

huā luò zhī duō shǎo
花　　落　　知　多　少。▲　　　　花落つること、知りぬ、多少ぞ

    fēng qiáo yè bò
    枫　　桥　　夜　泊　（七言絶句）

     Zhāng Jì
     张　　继

yuè luò wū tí shuāng mǎn tiān
月　　落　　乌　啼　霜　　　满　天，▲　　月落ち、烏啼いて霜の天に満つ

jiāng fēng yú huǒ duì chóu mián
江　　枫　　渔　火　对　愁　　眠。▲　　江楓漁火愁眠に対す

Gū sū chéng wài Hán shān sì
姑　　苏　　城　　外　寒　山　　寺。　　姑蘇城外の寒山寺

yè bàn zhōng shēng dào kè chuán
夜　　半　　钟　　声　　到　客　船。▲　　夜半の鐘声、客船に到る

※▲つきの字は韻脚と呼ばれる。

三、数字読み

xiǎoxiě
小写： 一　二　三　四　五　六　七　八　九　十

dàxiě　 yī　 èr　sān　sì　wǔ　liù　qī　bā　jiǔ　shí
大写： 壹　贰　叁　肆　伍　陆　柒　捌　玖　拾

shǒushì
手势：

　　　　一　二　三　四　五　六　七　八　九　十

※　1. ゼロを表す中国語の漢字は標準的なものとして"零"であるが、「〇」で簡略化するのが普通である。
　　2. "一"は"七"と発音が近いため、聞き間違いを避ける場合、"yāo"とも読む。
　　3. "二"は普通話の口語では、よく"àr"と発音する。

予習篇

第 三 课　代詞・連語・文法関係・方位詞
Dì sān kè

1. 人称代詞

基本人称代詞表

人称＼単・複数	第1人称	第2人称	第3人称	疑問人称
単数	我 wǒ	你（您） nǐ (nín)	他（她） tā (tā)	谁 shuí / shéi
複数	我们 wǒmen / 咱们 zánmen	你们 nǐmen	他们（她们） tāmen	

※ 1. "您"には複数の表現がない。
　2. "咱们"は会話の相手を含めた"我们"である。
　3. 通常、第3人称の枠にいれている"它(tā)""它们"は人間以外のものを指す。

☞ ほかの常用の人称代詞：自己 zìjǐ　　別人 biéren　　人家 rénjia　　人们 rénmen
　　　　　　　　　　　大家 dàjiā

2. 指示代詞

指示代詞表

指称＼種類	コ	ソ・ア	ド	用例
	这 zhè	那 nà	哪 nǎ	
量詞後綴り（単数）	这+量詞 zhè / zhèi	那+量詞 nà / nèi	哪+量詞 nǎ / něi	这个 zhèige
不定量詞後綴り（複数）	这+不定量詞 zhè / zhèi	那+不定量詞 nà / nèi	哪+不定量詞 nǎ / něi	这些 zhèixiē
方位詞"里"後綴り	这里（这儿） zhèli (zhèr)	那里（那儿） nàli (nàr)	哪里（哪儿） nǎli (nǎr)	
様　態	这样 zhè (zhèi) yàng	那样 nà (nèi) yàng	怎样 zěnyàng	这样的人 zhèyàng de rén
	这么 zhème	那么 nàme	怎么 zěnme	这么写 zhème xiě

※　1. 量詞後綴りの形では、指示代詞の発音が口語で変化する。"那""哪"について、普通の発音表記は"nei"であるが、正しいのは"nai"と思われる。
　　2. 常用の不定量詞には、"些(xiē)""堆(duī)""群(qún)""点儿(diǎnr)"がある。

3. 連語（词组）

単語と単語が一定の文法関係によって組み合わせられたものは連語（フレーズ）という。連綿詞を除き、二文字或いはそれ以上の単語も連語に属する。その構成は五つのパターンに分けられる。実は短い連語でも長い文でも、いずれも以下に述べる五つの基本構成を超えられない。それゆえ、連語の分析は中国語文法を理解するカギである。

※　連綿詞とは、二文字或いは二文字以上で一つの意味を表して、それを分けると、単独では意味をなさないものである。例えば、"葡萄(pútao)""胡同(hútòng)""垃圾(lājī)""三明治(sānmíngzhì)"などである。

（1）修飾連語（偏正词组）

①体言修飾語　定語＋中心語

	dàxué	bàngōngshì	wǒ de cídiǎn	wǔshí rén
例：	大学	办公室	我的词典	五十人

②用言修飾語　状語＋中心語

	chídào	màn zǒu	hěn jīngcǎi	fēicháng gāoxìng
例：	迟到	慢走	很精彩	非常高兴

（2）述賓連語（述宾词组）

			wòshǒu	xǐ yīfu	xiě zuòyè	pá shān	lái kèrén
述語	＋	賓語	例：握手	洗衣服	写作业	爬山	来客人

（3）述補連語（述补词组）

			kàndào	shuō qīngchu	hǎo jí le	pǎo de kuài
述語	＋	補語	例：看到	说清楚	好极了	跑得快

（4）主謂連語（主谓词组）

			guóchǎn	tiān hēile	dàjiā tǎolùn	sùdù màn
主語	＋	謂語	例：国产	天黑了	大家讨论	速度慢

（5）並列連語（并列词组）

	xīnkǔ	jiàlián-wùměi	Zhōngguó hé Rìběn	qīngsōng ér yúkuài
例：	辛苦	价廉物美	中国和日本	轻松而愉快

4. 文法関係

中国語文法基本関係表

主語		謂語				
定語	中心語	状語	中心語		賓語	
			述語※	補語	定語	中心語
我们 Wǒmen	老师 lǎoshī	已经 yǐjīng	讲 jiǎng	完了 wánle	第三 dì sān	课 kè

例文意味：私たちの先生はすでに第三課を教え終わりました。

※ 一般の中国語教科書では、文の文法関係を分析するとき、状語・補語の中心語および目的語の支配語にあたる部分を直接に動詞とよぶ。このような説明は概念を混乱させると思われる。「主語」「定語」「目的語」「状語」「補語」というのは文法関係を表す概念であることに対して、動詞は語彙性質を表す概念なのである。これに鑑み、本書では謂語という中国の文法概念を導入し、従来の主語に対する述語はその意味範囲を縮小して、謂語の下での状語・補語の中心語および目的語の支配語として使っている。また目的語も中国語的に賓語という。

5. 方位詞とその後綴り

方位詞 後綴り	东 dōng	南 nán	西 xī	北 běi	上 shàng	下 xià	左 zuǒ	右 yòu	前 qián	后 hòu	里 lǐ	外 wài
边 biān	○	○	○	○	○	○	○	○	○	○	○	○
面 miàn	○	○	○	○	○	○	○	○	○	○	○	○
头 tóu	○	○	○	○	○	○	×	×	○	○	○	○
侧 cè	○	○	○	○	×	×	○	○	○	○	○	○
方 fāng	○	○	○	○	×	×	×	×	○	○	×	○

☞ 単独で使う方位詞の例

　　中間 zhōngjiān　　　旁边 pángbiānr　　　側面 cèmiàn

　　対面 duìmiàn　　　顶上 dǐngshang　　　底下 dǐxia

☞ 以上のほか、"中""上""里"などがよく場所名詞の後に綴られ、その場所を強調する。

　　例：　家里 jiāli　　　水中 shuǐ zhōng　　　墙上 qiáng shang

广雅　方位と中国・日本の国名

　　中国と日本の国名はともに地理的方位と関連がある。"中国"という言葉はもともと国名ではなかった。"中"は真ん中の方位をいう。"国"は郊外の"野"に対する"城"を指す。そもそも"中国"は日本の"中国地方"と同じように、中原という黄河中流の地域を指していた。そしてそれは在地の人々の自称ではなく、周辺地域の人たちの呼び方であった。『史記』の記事によると、春秋戦国時代の楚（今の湖北・湖南地域）・秦（今の甘粛・陝西・山西地域）・呉（今の安徽・浙江・江蘇地域）の人は、自分の地域は中国ではないと自認した。しかし秦の始皇帝が中国全土を統一し、さらに約四百年間続いた漢帝国の支配によって、中国という地理的概念は次第に黄河中流の地域から中国全土までに拡大された。だが、いまでも、中国というのは俗称ともいえる。なぜなら、中国が国名の略称であるということは中国の憲法に明記されていないからである。

　　一方"日本"という意味は「日の本」であろう。昔、隋煬帝への日本からの国書でも「日出づる処」と自称されていた。しかし「日の本」ということは日本列島の人々からの観察ではなかったと思われる。なぜなら、円形の地球上では、どこから見ても、太陽は東の方から昇るであろう。西側の中国大陸から見れば、日本列島はちょうど「日出づる処」であるが、中国の西方から見れば、中国も「日出づる処」ではなかろうか。実際に、中国も古代のペルシア人に「日出づる処」とよばれていた。おそらく"日本"というのも昔の日本人が中国人の言い方を受け入れ、ついにつけた国号であるといえよう。

日常会話（3） 人を訪問するとき

甲：Shéi a?
　　谁　啊？　　　　　　　　　　　　（どなたですか。）

乙：Wǒ.
　　我。　　　　　　　　　　　　　　（わたしです。）

甲：Nín lái le, qǐng jìn.
　　您　来　了，请　进。　　　　　　（いらっしゃい。どうぞお入りください。）

乙：Duìbuqǐ, dǎrǎo le.
　　对不起，打扰　了。　　　　　　　（すみません、おじゃまします。）

甲：Nǎr de huà. Qǐng zuò.
　　哪儿　的　话。请　坐。　　　　　（どういたしまして、どうぞ、おかけください。）

乙：Xièxie.
　　谢谢。　　　　　　　　　　　　　（どうも、ありがとう。）

甲：Qǐng hē chá （chōu yān / chī táng /
　　请　喝　茶（抽　烟／吃　糖／　　（お茶／タバコ／あめ／果物をどうぞ、ご遠慮なさらないでください。）
　　chī shuǐguǒ）, qǐng bié kèqi.
　　吃　水果），请　别　客气。

乙：Nín yě bié kèqi.
　　您　也　别　客气。　　　　　　　（他人行儀はよしましょう。）

　　…………

乙：Wǒ gāi gào cí le.
　　我　该　告　辞　了。　　　　　　（そろそろ失礼します。）

甲：Zài zuò yīhuìr ba.
　　再　坐　一会儿　吧。　　　　　　（ごゆっくりしてください。）

乙：Xièxie nín de kuǎndài.
　　谢谢　您　的　款待。　　　　　　（温かいおもてなし、ありがとうございます。）

甲：您太客气了。　　　　　　　　（たいへんご丁寧でおそれいります。）

常来玩儿啊。请慢走。　　　　　（いつでも遊びにいらしてください。
　　　　　　　　　　　　　　　　お気をつけてお帰りください。）

乙：谢谢，请留步。　　　　　　　（どうも、ありがとう。どうぞそのま
　　　　　　　　　　　　　　　　まで。）

学而时习之

一、次の連語の種類を区別してみよう。

1. 谁去 shéi qù　　我去 wǒ qù　　你们来 nǐmen lái　　她们做 tāmen zuò

2. 学什么 xué shénme　　学汉语 xué Hànyǔ
   学历史 xué lìshǐ　　学文学 xué wénxué

3. 朝鲜语和日语 Cháoxiǎnyǔ hé Rìyǔ
   俄语、英语、德语和法语 Éyǔ Yīngyǔ Déyǔ hé Fǎyǔ

4. 谁的书 shéi de shū　　我的书 wǒ de shū　　你的课本 nǐ de kèběn
   他的笔记本 tā de bǐjìběn　　她的橡皮 tā de xiàngpí　　我的铅笔 wǒ de qiānbǐ
   你的钢笔 nǐ de gāngbǐ　　他的圆珠笔 tā de yuánzhūbǐ
   黄帽子 huáng màozi　　红衣服 hóng yīfu　　白衬衫 bái chènshān
   蓝裤子 lán kùzi　　绿袜子 lǜ wàzi　　黑鞋子 hēi xiézi

5. 很好 hěn hǎo　　认真地听 rènzhēn de tīng　　清楚地说 qīngchu de shuō
   大声地读 dàshēng de dú　　整齐地写 zhěngqí de xiě
   准确地翻译 zhǔnquè de fānyì

6. 走得慢 zǒu de màn　　跑得快 pǎo de kuài　　跳得高 tiào de gāo

二、次の日本語を中国語に訳してみよう。

これはなんですか。
それはノートです。
それはなんですか。
これは本です。

语文篇

品詞略称一覧表

中国語	日本語	略称	中国語	日本語	略称
名词	名詞	名	副词	副詞	副
代词	代名詞	代	介词	前置詞	介
方位词	方位詞	方	连词	接続詞	連
动词	動詞	動	助词	助詞	助
助动词	助動詞	助動	感叹词	間投詞	嘆
形容词	形容詞	形	接头词	接頭詞	頭
数词	数詞	数	接尾词	接尾詞	尾
量词	助数詞	量	拟声词	擬声語	擬

＊本書では、上表を除き、略語について、熟語は「成」、連語或いは慣用語は「組」で表す。

第四课 妈妈来信
Dì sì kè　Māma lái xìn

课文

Chéncì:
辰次：

Nǐ hǎo ma? Xuéxí jǐnzhāng ma? Zuìjìn Běijīng de tiānqì rè bù rè?
你好吗？学习紧张吗？最近北京的天气热不热？

Liúxué shēnghuó yǐjīng xíguàn le ba? Měitiān shàng jǐ jié kè? Chúle Zhōngwén yǐwài, hái xué shénme? Lǎoshī jiǎng kè yòng Zhōngwén háishi yòng Rìyǔ? Cóng sùshè dào jiàoshì duō yuǎn?
留学生活已经习惯了吧？每天上几节课？除了中文以外，还学什么？老师讲课用中文还是用日语？从宿舍到教室多远？

Qǐng jīngcháng gěi māma xiě xìn, hǎo ma? Duì le, fàng shǔjià de shíhou, nǐ gēge hé jiějie dōu huílai, nǐ ne?
请经常给妈妈写信，好吗？对了，放暑假的时候，你哥哥和姐姐都回来，你呢？

Pàn nǐ huí xìn, xià cì zài tán. Zhù nǐ xuéxí jìnbù!
盼你回信，下次再谈。祝你学习进步！

Māma
妈妈

Wǔyuè wǔrì
五月五日

解　字

妈妈 māma　　　[名] おかあさん
信 xìn　　　　　[名] 手紙
来信 lái xìn　　[組] 手紙が届く
辰次 Chéncì　　[名] 本書に登場する日本
　　　　　　　　　　人留学生の名前
吗 ma　　　　　[助] 疑問の語気を表す
你好吗 nǐ hǎo ma [組] お元気ですか
学习 xuéxí　　　[動・名] 学習（する）、学ぶ
紧张 jǐnzhāng　[形] 緊張、忙しい
最近 zuìjìn　　[名] 最近、近頃
北京 Běijīng　　[名] 北京
的 de　　　　　[助] の
天气 tiānqì　　[名] 天気
热 rè　　　　　[形] 暑い、熱い
不 bù　　　　　[副] …しない、…でない
留学 liúxué　　[動] 留学する
生活 shēnghuó　[動・名] 生活（する）
已经 yǐjīng　　[副] すでに
习惯 xíguàn　　[名・動] 慣れる、習慣
了 le　　　　　[助] …した；になった
吧 ba　　　　　[助] 推測或いは勧誘の語
　　　　　　　　　　気を表す
每天 měitiān　[名] 毎日
上 shàng　　　 [動・方] 受ける；通う；上
几 jǐ　　　　　[数] 幾つ
节 jié　　　　 [量・名] 区分を示す；節句
课 kè　　　　　[名] 授業
除了 chúle　　[介] …を除いて
以外 yǐwài　　[方] …の外。"之外
　　　　　　　　　　zhīwài"ともいう
还 hái　　　　[副] また、まだ
学 xué　　　　[動] 勉強する、学ぶ
什么 shénme　[代] 何、どんな
老师 lǎoshī　[名] 先生
讲课 jiǎng kè　[組] 講義する

用 yòng　　　　[動] 使う、用いる
中文 Zhōngwén [名] 中国語
还是 háishi　　[副・連] それとも；やはり
日语 Rìyǔ　　　[名] 日本語
从 cóng　　　　[介] …から
宿舍 sùshè　　[名] 寮、寄宿舎
到 dào　　　　[介・動] …まで；到る
教室 jiàoshì　[名] 教室
多 duō　　　　[形・副] 多い；どれくらい
远 yuǎn　　　　[形] 遠い
请 qǐng　　　　[動] …してください
经常 jīngcháng [副] 常に
给 gěi　　　　　[動・介] くれる、あげる；…に
写 xiě　　　　　[動] 書く
好吗 hǎo ma　　[組] よろしいですか
对了 duì le　　[組] そうそう、そうだ
放 fàng　　　　[動] 置く、入れる；（休み）
暑假 shǔjià　　[名] 夏休み　　　　になる
时候 shíhou　　[名] …時
你 nǐ　　　　　[代] あなた
哥哥 gēge　　　[名] お兄さん
和 hé　　　　　[介・連] …と
姐姐 jiějie　　[名] お姉さん
都 dōu　　　　　[副] すべて、みな
回来 huílai　　[組] 帰ってくる
呢 ne　　　　　[助] 疑問の語気を示す
盼 pàn　　　　　[動] 待ち望む
回信 huí xìn　　[組] 返信
下次 xià cì　　[組] 次回
再 zài　　　　　[副] 再び、もっと、また
谈 tán　　　　　[動] 話す、談話する
祝 zhù　　　　　[動] 祈る
进步 jìnbù　　　[名・動] 進歩（する）
五月 wǔyuè　　　[名] 五月
五日 wǔrì　　　 [名] 五日

说　文

一、疑問文のさまざま

1. **一般疑問文**　平叙文＋"吗"からなる。

    你好吗？　　　　　　　　　　Nǐ hǎo ma?

    学习紧张吗？　　　　　　　　Xuéxí jǐnzhāng ma?

2. **反復疑問文**　肯定・否定の並列からなる。

    天气热不热？　　　　　　　　Tiānqì rè bù rè?

3. **特定疑問文**　文中に疑問詞を含む。

    每天上几节课？　　　　　　　Měitiān shàng jǐ jié kè?

    学什么？　　　　　　　　　　Xué shénme?

    ☞ 特定疑問文は疑問詞を使っているため、文末に"吗"がつけられない。しかし、その疑問詞が不定或いは任意という意味を表す場合、"吗"がつけられる。

    例：病人一直没吃什么东西吗？　Bìngrén yīzhí méi chī shénme dōngxi ma?
    　　　　　　　　　　　　　　（患者はずっと何も食べていませんでしたか。）

4. **選択疑問文**　"还是(háishi)"で二つの選択肢を繋ぐ。

    老师讲课用中文还是用日语？　Lǎoshī jiǎng kè yòng Zhōngwén háishi

    　　　　　　　　　　　　　　yòng Rìyǔ?

5. **推量疑問文**　叙述文＋"吧"からなる。

    留学生活已经习惯了吧？　　　Liúxué shēnghuó yǐjīng xíguàn le ba?

    ※ 文によって"吧"はまた勧誘の語気を表す。

    例：咱们一起去吧。　　　　　Zánmen yīqǐ qù ba.
    　　　　　　　　　　　　　　（わたしたちは一緒に行きましょう。）

6. **数量疑問文**　副詞の"多"＋形容詞によって構成。

    从宿舍到教室多远？　　　　　Cóng sùshè dào jiàoshì duō yuǎn?

7. **願望疑問文**　願望・要求を表す。文末に"好吗""行吗(xíng ma)""可以吗(kěyǐ ma)""怎么样(zěnme yàng)""好不好"などに接続。

    请经常给妈妈写信，好吗？　　Qǐng jīngcháng gěi māma xiě xìn, hǎo
    　　　　　　　　　　　　　　ma?

8. 省略疑問文　文脈に沿って、主語＋"呢"。

　　哥哥和姐姐都回来，你呢？　　　　Gēge hé jiějie dōu huílai, nǐ ne?

9. 語調疑問文　意外を示す上昇調で疑問を表す。

　　我不及格？　　　　　　　　　　　Wǒ bù jígé?
　　　　　　　　　　　　　　　　　　（ぼくは合格じゃないの？）

　　他去？　　　　　　　　　　　　　Tā qù?
　　　　　　　　　　　　　　　　　　（かれは行くの？）

二、"的"の構文（1）

「定語」という連体修飾語を構成する。

　　北京的天气 Běijīng de tiānqì

　　放暑假的时候 fàng shǔjià de shíhou

　☞ 人称代詞と親族や所属などの語句の間では"的"はよく省略する。

　　你哥哥 nǐ gēge　　　我奶奶 wǒ nǎinai　　　他爸爸 tā bàba

　　我们大学 wǒmen dàxué　　他们公司 tāmen gōngsī　　咱们村 zánmen cūn

　　※ "的"を省略する場合、名詞の前の複数人称代詞は必ずしも複数のものを表すわけではない。

三、慣用文型 "从……到……"

　　从宿舍到教室多远？　　　　　　　Cóng sùshè dào jiàoshì duō yuǎn?

四、慣用文型 "除了……以外"

　　除了中文以外，还学什么？　　　　Chúle Zhōngwén yǐwài, hái xué shénme?

五、介詞の "给"

　　给妈妈写信。　　　　　　　　　　Gěi māma xiě xìn.

　　※ 介詞の"给"と動詞の"给"との区別は要注意である。

　　例：小王给我一张电影票。　　　　Xiǎo Wáng gěi wǒ yī zhāng diànyǐngpiào.
　　　　　　　　　　　　　　　　　　（王君は僕に映画館の入場券を一枚くれた。）

六、年月日・曜日の言い方

二〇〇二年十一月十九号（日）　èrlínglíng'èrnián shíyīyuè shíjiǔhào(rì)

一九九几年？　　　　　　　　Yījiǔjiǔ jǐ nián?

一九几几年？　　　　　　　　Yījiǔ jǐ jǐ nián?

几月几号（日）？　　　　　　Jǐ yuè jǐ hào(rì)?

大前年 dàqiánnián　　前年 qiánnián　　去年 qùnián　　今年 jīnnián

明年 míngnián　　后年 hòunián　　大后年 dàhòunián

比较　哪（一）年／几年　　　　nǎ(yī)nián ／ jǐ nián

上个月 shàng ge yuè　　这个月 zhèi ge yuè　　下个月 xià ge yuè

比较　几月／几个月　　　　　　jǐ yuè ／ jǐ ge yuè

　　　　一月／一个月　　　　　　yīyuè ／ yī ge yuè

上（个）星期 shàng(ge)xīngqī　　这（个）星期 zhèi(ge)xīngqī

下（个）星期 xià(ge)xīngqī

大前天是星期一。　　　　Dàqiántiān shì xīngqīyī.

前天是星期二。　　　　　Qiántiān shì xīngqī'èr.

昨天是星期三。　　　　　Zuótiān shì xīngqīsān.

今天是星期四。　　　　　Jīntiān shì xīngqīsì.

明天是星期五。　　　　　Míngtiān shì xīngqīwǔ.

后天是星期六。　　　　　Hòutiān shì xīngqīliù.

大后天是星期天。　　　　Dàhòutiān shì xīngqītiān.

※ "是"は「…は…です」という判断を表す特殊動詞である。第5課を参照。

比较　星期几／几（个）星期　　xīngqī jǐ ／ jǐ(ge)xīngqī

　　　　星期一／一（个）星期　　xīngqīyī ／ yī(ge)xīngqī

※ "星期"は"礼拜 lǐbài"或いは"周 zhōu"ともいう。

话本

日常会話（4）初対面

甲：请问，您贵姓？
Qǐngwèn, nín guì xìng?
（ちょっとおたずねしますが、お名前は？）

乙：我姓钟，叫钟文。
Wǒ xìng Zhōng, jiào Zhōng Wén.
（わたくしは鐘という苗字で、鐘文と申します。）

您呢，您叫什么名字？
Nín ne, nín jiào shénme míngzi?
（あなたは、あなたのお名前はなんとおっしゃいますか。）

甲：我叫薛翰羽。
Wǒ jiào Xuē Hànyǔ.
（わたくしは薛翰羽と申します。お仕事はなんですか。）

您做什么工作？
Nín zuò shénme gōngzuò?

乙：我在公司工作。这是我的名片。您呢？
Wǒ zài gōngsī gōngzuò. Zhè shì wǒ de míngpiàn. Nín ne?
（わたくしは会社に勤めています。これはわたしの名刺です。あなたは？）

甲：我还是学生。请多关照。
Wǒ háishi xuésheng. Qǐng duō guānzhào.
（わたくしはまだ学生です。どうぞよろしくお願いします。）

乙：彼此彼此。
Bǐcǐ bǐcǐ.
（こちらこそ。）

学而时习之

一、例に做って次の一般疑問文を反復疑問文に直し、さらに否定形に直してみよう。

例：天气热吗？Tiānqì rè ma?　　→　天气热不热？　→　天气不热。

1. 现在去吗？Xiànzài qù ma?　　→　　　　　→
2. 姐姐来吗？Jiějie lái ma?　　　→　　　　　→
3. 你认识她吗？Nǐ rènshi tā ma?　→　　　　　→
4. 老师同意吗？Lǎoshī tóngyì ma? →　　　　　→
5. 他是学生吗？Tā shì xuésheng ma? →　　　　→

二、次の特定疑問文のゴシック体語句を　　　　内の語句で変換してみよう。

1. 谁是**留学生**？Shéi shì liúxuéshēng?（留学生是谁？）

   | 大夫 dàifu　代表 dàibiǎo　翻译 fānyì　服务员 fúwùyuán　师傅 shīfu |

2. **历史**是什么？Lìshǐ shì shénme?（什么是历史？）

   | 科学 kēxué　民族 mínzú　社会 shèhuì　世界 shìjiè　思想 sīxiǎng |

3. 你**学**什么？Nǐ xué shénme?

   | 吃 chī　看 kàn　听 tīng　写 xiě　唱 chàng |

4. 你**拿**哪个？Nǐ ná nǎige?

   | 要 yào　用 yòng　买 mǎi　玩儿 wánr　喜欢 xǐhuan |

5. 你**去**哪儿？Nǐ qù nǎr?

   | 在 zài　站 zhàn　坐 zuò　睡 shuì　习惯 xíguàn |

6. 怎么**走**？Zěnme zǒu?

   | 办 bàn　干 gàn　做 zuò　念 niàn　寄 jì　复习 fùxí　回答 huídá |

7. **咖啡**怎么样？Kāfēi zěnme yàng?

   | 四川菜 Sìchuāncài　白酒 báijiǔ　关系 guānxi　比赛 bǐsài　基础 jīchǔ |

8. 几个人？Jǐ ge rén?

   | 岁 suì | 点 diǎn | 斤 jīn | 年 nián | 天 tiān | 年级 niánjí |

9. 多少人？Duōshao rén?

   | 钱 qián | 东西 dōngxi | 日子 rìzi | 机会 jīhuì | 问题 wèntí |

10. 为什么学中文？Wèishénme xué Zhōngwén?

    | 上课聊天 shàng kè liáotiān | 喝开水 hē kāishuǐ |
    | 不坐电梯 bù zuò diàntī | 不用方便筷子 bù yòng fāngbiànkuàizi |

三、例のように（　　）の中の語句を"还是"で接続してみよう。

例：（吃米饭，吃面条儿 chī mǐfàn, chī miàntiáor）吃米饭，还是吃面条儿？

1. （喝红茶，喝绿茶 hē hóngchá, hē lǜchá）
2. （看电视，看电影 kàn diànshì, kàn diànyǐng）
3. （唱卡拉OK，跳舞 chàng kǎlāOK, tiàowǔ）
4. （骑自行车，坐汽车 qí zìxíngchē, zuò qìchē）
5. （预习，复习 yùxí, fùxí）
6. （对，错 duì, cuò）

四、次の推量疑問文のゴシック体語句を　　　　内の語句で変換してみよう。

1. 这是**词典**吧？Zhè shì cídiǎn ba?

   | 杯子 bēizi | 磁带 cídài | 电脑 diànnǎo | 鸡蛋 jīdàn | 橘子 júzi |
   | 排球 páiqiú | 数码相机 shùmǎxiàngjī |

2. 他一会儿**来**吧？Tā yīhuìr lái ba?

   | 去 qù | 走 zǒu | 喝 hē | 工作 gōngzuò | 起床 qǐchuáng | 洗澡 xǐzǎo |

3. 樱花**开了**吧？Yīnghuā kāi le ba?

   | 天冷了 tiān lěng le | 屋子暖和了 wūzi nuǎnhuo le |
   | 饭好了 fàn hǎo le | 高兴了 gāoxìng le | 问题解决了 wèntí jiějué le |

五、次の（　）に"多"を入れて数量疑問文を作ってみよう。

你个子（　）高？Nǐ gèzi(　)gāo?　　他年纪（　）大？Tā niánjì(　)dà?

长江（　）长？Chángjiāng(　)cháng?　　人数是（　）少？Rénshù shì(　)shao?

六、次の願望疑問文のゴシック語句を ☐ 内の語句で変換して、さらに"行吗""可以吗""怎么样""好不好"をそれぞれ"好吗"と入れ替えてみよう。

我们**跳舞**，好吗？Wǒmen **tiàowǔ**, hǎo ma?

| 唱歌 chàng gē　　吃饭 chī fàn　　照相 zhào xiàng　　跑步 pǎo bù |
| 游泳 yóuyǒng　　画画儿 huà huàr　　交换地址 jiāohuàn dìzhǐ |

七、次の省略疑問文のゴシック体語句を ☐ 内の語句で変換してみよう。

1. 我们**去上课**，你呢？Wǒmen **qù shàng kè**, nǐ ne?

| 听广播 tīng guǎngbō　　练习会话 liànxí huìhuà |
| 做作业 zuò zuòyè　　看展览 kàn zhǎnlǎn |

2. 妈妈去买东西，**爸爸**呢？Māma qù mǎi dōngxi, **bàba** ne?

| 哥哥 gēge　　姐姐 jiějie　　弟弟 dìdi　　妹妹 mèimei |
| 伯伯 bóbo　　叔叔 shūshu　　姑姑 gūgu　　舅舅 jiùjiu　　姨妈 yímā |
| 爷爷 yéye　　奶奶 nǎinai　　姥爷 lǎoye　　姥姥 lǎolao |

八、次の叙述文を上昇調で読んでみよう。

1. 我参加？　　　　　　　　Wǒ cānjiā?
2. 他不来？　　　　　　　　Tā bù lái?
3. 你反对？　　　　　　　　Nǐ fǎnduì?
4. 樱花开了？　　　　　　　Yīnghuā kāi le?
5. 录音机坏了？　　　　　　Lùyīnjī huài le?

九、"从""到"を順番に前後の（　）に入れて作文してみよう。

1. 他（　）早（　）晚一直泡网吧。
   Tā (　)zǎo (　)wǎn yīzhí pào wǎngbā.

妈妈来信

2. （　）麦当劳（　）肯德基都是快餐店。
　　（　）Màidāngláo（　）Kěndéjī dōu shì kuàicāndiàn.

十、"除了""以外"を順番に前後の（　　）に入れて作文してみよう。

1. 买东西（　）看品牌（　），还要辨真假。
　　Mǎi dōngxi（　）kàn pǐnpái（　），hái yào biàn zhēnjiǎ.

2. 将来（　）试管婴儿（　），也许还可能出现克隆人。
　　Jiānglái（　）shìguǎnyīng'ér（　），yěxǔ hái kěnéng chūxiàn kèlóngrén.

十一、次の質問を中国語で答えてみよう。

1. 后年是二〇〇几年？　　　　　　Hòunián shì èrlínglíng jǐ nián?
2. 明天是星期几？　　　　　　　　Míngtiān shì xīngqī jǐ?
3. 今天是几月几号？　　　　　　　Jīntiān shì jǐ yuè jǐ hào?

广雅　中国語と日本語（1）同文なのか

　中国語と日本語はともに漢字を用いている。それによって一つの誤解が生じてきた。つまり中国語と日本語は同じ或いは近い言語であるということである。言語学の分野では、中国語は漢蔵語族に属するが、日本語は一般にアルタイ語族に属するとされる。発音から見れば、中国語は単音節語であるが、日本語は多音節語である。文法から見れば、中国語は孤立語であるが、日本語は膠着語といえる。ところが、やはり中国語と日本語には言語学以外のご縁がある。古来、伝来した漢字が日本人にそのまま使われただけでなく、さらに漢字によって、片仮名と平仮名が作られた。漢字というメディアを通し、『論語』『孟子』などの儒教経典も昔の日本人の基本教養書となっていた。だが、文化の伝播は一方通行ではなく、交流である。日本人は漢字文化の恵みを大いに被っているが、逆に日本人に再創造された漢字文化が中国に輸出され、中国文化を豊かにしてきた。現代中国語の中で使われる、数多くの日本語語彙の存在はその明証であろう。

第五课 我的朋友
Dì wǔ kè　Wǒ de péngyou

课文

小王是我新认识的好朋友。他是一年前入学的,现在二年级。小王是日语系的,不是中文系的。对了,忘记介绍了。小王东北人,高个子,大眼睛,今年二十岁。

我住的对面是小王的房间。我们经常一起玩儿,复习功课。小王既开朗又热情。他教我汉语,我教他日语。两个人互相帮助。

解字

小 xiǎo	[頭] …くん、…さん	大 dà	[形] 大きい
王 Wáng	[名] 姓の王	眼睛 yǎnjing	[名] 目
我 wǒ	[代] わたし	岁 suì	[名] 歳
新 xīn	[形] 新しい	住 zhù	[動] 住む；泊まる
认识 rènshi	[動] 知り合う	对面 duìmiàn	[方] 真向かい
朋友 péngyou	[名] 友達	房间 fángjiān	[名] 部屋
他 tā	[代] かれ	我们 wǒmen	[代] 私たち
一年 yī nián	[組] 一年	一起 yīqǐ	[副] 一緒に
前 qián	[方] 前	复习 fùxí	[名・動] 復習（する）
入学 rù xué	[組] 入学する	功课 gōngkè	[名] 学課、課業
现在 xiànzài	[名] いま	既 jì	[副] …の上に…だ
年级 niánjí	[名] 学年	又 yòu	[副] また
日语系 Rìyǔxì	[名] 日本言語文学部	开朗 kāilǎng	[形] 明るい
不是 bù shì	[組] …ではない	热情 rèqíng	[形] 熱意；親切
中文系 Zhōngwénxì	[名] 中国言語文学部	教 jiāo	[動] 教える
忘记 wàngjì	[動] 忘れる	汉语 Hànyǔ	[名] 中国語
介绍 jièshào	[動] 紹介する	两个人 liǎng ge rén	[組] 二人
东北人 dōngběirén	[名] 東北人	互相 hùxiāng	[副] 互いに
高 gāo	[形] 高い	帮助 bāngzhù	[動] 援助、手伝う、助け合う
个子 gèzi	[名] 身長		

说 文

一、動詞謂語文（1）一般形
1. 賓語なしの文。
   我们经常一起玩儿。　　　　　　　Wǒmen jīngcháng yīqǐ wánr.
   两个人互相帮助。　　　　　　　　Liǎng ge rén hùxiāng bāngzhù.
2. 賓語つきの文。
   我们一起复习功课。　　　　　　　Wǒmen yīqǐ fùxí gōngkè.
3. 二重賓語文。
   他教我汉语。　　　　　　　　　　Tā jiāo wǒ Hànyǔ.
   ※ この文では"我"は間接賓語であり、"汉语"は直接賓語である。

二、動詞謂語文（2）"是"の構文
1. 等しいことを表す。
   小王是我新认识的好朋友。　　　　Xiǎo Wáng shì wǒ xīn rènshi de hǎo péngyou.
2. 説明を表す。
   小王是东北人。　　　　　　　　　Xiǎo Wáng shì dōngběirén.
   他是一年前入学的。　　　　　　　Tā shì yī nián qián rùxué de.
   小王是日语系的。　　　　　　　　Xiǎo Wáng shì Rìyǔxì de.
3. 存在を表す。
   我住的对面是小王的房间。　　　　Wǒ zhù de duìmiàn shì Xiǎo Wáng de fángjiān.
   ☞ 否定形は"不是"である。
   小王不是中文系的。　　　　　　　Xiǎo Wáng bù shì Zhōngwénxì de.

三、"的"の構文（2）
　体言的構造を除いて、文末の"的"は用言または用言連語と接続し、体言的連語を構成する。"是……的"の形式では、その体言的連語は"是"の前後の人・物が等しいことを表す。なお、「是＋動詞＋的」という構造であれば、過去形を表す。
　　他是一年前入学的。　　　　　　Tā shì yī nián qián rù xué de.

我的朋友

小王是日语系的。　　　　　　　　Xiǎo Wáng shì Rìyǔxì de.

小王不是中文系的。　　　　　　　Xiǎo Wáng bù shì Zhōngwénxì de.

四、名詞謂語文

小王现在几年级？　　　　　　　　Xiǎo Wáng xiànzài jǐ niánjí?
（王くんはいま何年生ですか。）

小王现在二年级。　　　　　　　　Xiǎo Wáng xiànzài èrniánjí.
（王くんはいま二年生です。）

他今年多大？　　　　　　　　　　Tā jīnnián duō dà?
（かれは今年いくつですか。）

他今年二十岁。　　　　　　　　　Tā jīnnián èrshí suì.
（かれは今年二十歳です。）

小王什么地方人？　　　　　　　　Xiǎo Wáng shénme dìfang rén?
（王くんはどこの出身ですか。）

小王东北人。　　　　　　　　　　Xiǎo Wáng dōngběirén.
（王くんは東北人です。）

小王什么样？　　　　　　　　　　Xiǎo Wáng shénme yàng?
（王くんはどんな容貌ですか。）

小王高个子，大眼睛。　　　　　　Xiǎo Wáng gāo gèzi, dà yǎnjing.
（王くんは背が高く、目が大きいです。）

☞ 否定形は"不"を用いるが、その後に"是"を入れるべきである。また一般疑問文に直す場合も、"是"を入れる必要がある。

小王现在是一年级吗？　　　　　　Xiǎo Wáng xiànzài shì yīniánjí ma?
（王くんはいま一年生ですか。）

小王现在不是一年级。　　　　　　Xiǎo Wáng xiànzài bù shì yīniánjí.
（王くんはいま一年生ではありません。）

他今年是十九岁吗？　　　　　　　Tā jīnnián shì shíjiǔ suì ma?
（かれは今年十九歳ですか。）

他今年不是十九岁。　　　　　　　Tā jīnnián bù shì shíjiǔ suì.
（かれは今年十九歳ではありません。）

五、複文（1）

並列関係 "既（又）……又……"（…の上に…だ）

小王既开朗又热情。　　　　　　Xiǎo Wáng jì kāilǎng yòu rèqíng.

广雅　中国語と日本語（2）語義の古今異同

ちょっと次の中国語を見て、その意味を考えてみよう。

我陪爱人去医院看病，大家都夸我是好丈夫。

どうだろう？意味がわかっただろうか？漢字を一見すると、"爱人"は「あいじん」、"看病"は「病人を看護する」、"大家"は「おおや」、"丈夫"は「じょうぶ」だろうか。いや、全然違うのである。この文を日本語に訳すと、「僕は妻が病院へ行って診察をうけるのに付き添ったため、みんなは僕は良い旦那さんだとほめてくれた」、という意味である。勿論、これは特例である。数多くの漢字語彙では、やはり日中両国語の意味はほぼ同じである。しかし、結局両国の漢字というものは、それぞれ独自の歴史と文化の背景の下で、異なる道を歩んで独自の意味が生じたのだろう。それこそが、以上の例のように、一部の漢字語彙の意味を変化させてしまった。中国語を学ぶとき、その意味の差異には注意すべきであり、当てずっぽうに推量をしてはいけない。

一方、意味が変化したものを除いて、昔、中国から伝来した日本語の漢字語彙は、ほとんど古代漢語の意味をそのまま残留しているが、今の中国語が逆にその意味で使わなくなり、ひいては消失してしまったものもある。例えば、「湯（汤）」は今の中国語ではスープという意味であるが、昔は今の日本語の意味と全く同じだった。四字熟語（成语）の"赴汤蹈火"（水火も辞せず、どんな苦しみや危険も恐れないたとえ）がその裏付けであろう。さらに「走」は今の中国語では歩くという意味であるが、昔は今の日本語の意味と全く同じだった。四字熟語の"走马观花"（馬を走らせて、花見をする、大ざっぱに物事の表面だけを見るたとえ）がその明証であろう。意味だけでなく、現代中国語の共通語ではすでに消失した入声などの古音も日本語の漢字語彙の音読に残留している。日本語の漢字語彙は古代漢語の貴重な生きた化石であるといえよう。

话 本

日常会話 (5) 道を尋ねる

甲：<ruby>请问<rt>Qǐngwèn</rt></ruby>，<ruby>去<rt>qù</rt></ruby> <ruby>北大<rt>Běidà</rt></ruby> <ruby>怎么<rt>zěnme</rt></ruby> <ruby>走<rt>zǒu</rt></ruby>？　（おたずねしますが、北大にはどうやって行くのでしょうか。）

乙：<ruby>北大<rt>Běidà</rt></ruby>？ <ruby>是<rt>Shì</rt></ruby> <ruby>北京大学<rt>Běijīngdàxué</rt></ruby> <ruby>吗<rt>ma</rt></ruby>？　（北大って？北京大学ですか。）

甲：<ruby>对<rt>Duì</rt></ruby>，<ruby>是<rt>shì</rt></ruby> <ruby>北京大学<rt>Běijīngdàxué</rt></ruby>。　（はい、そうです。北京大学です。）

乙：<ruby>一直<rt>Yīzhí</rt></ruby> <ruby>往<rt>wǎng</rt></ruby> <ruby>前<rt>qián</rt></ruby> <ruby>走<rt>zǒu</rt></ruby>，<ruby>到<rt>dào</rt></ruby> <ruby>十字路口<rt>shízì-lùkǒu</rt></ruby> <ruby>向<rt>xiàng</rt></ruby> <ruby>左<rt>zuǒ</rt></ruby> <ruby>拐<rt>guǎi</rt></ruby>，<ruby>坐<rt>zuò</rt></ruby> <ruby>332路车<rt>sānsān'èr-lù chē</rt></ruby>，<ruby>到<rt>dào</rt></ruby> <ruby>中关村<rt>Zhōngguāncūn</rt></ruby> <ruby>下<rt>xià</rt></ruby>。　（まっすぐ前に行って、交差点についたら、左にまがって、332番ルートのバスに乗って、中関村で降ります。）

甲：<ruby>谢谢<rt>Xièxie</rt></ruby> <ruby>了<rt>le</rt></ruby>。　（どうもありがとうございました。）

乙：<ruby>不<rt>Bù</rt></ruby> <ruby>客气<rt>kèqi</rt></ruby>。　（どういたしまして。）

学而时习之

一、次の文の主語部分と謂語部分に指定した語句をそれぞれ入れ替えてみよう。

我 wǒ ‖ 去 qù

主語部分：你 nǐ　他 tā　谁 shuí　我们 wǒmen　你们 nǐmen　咱们 zánmen
他们 tāmen　大家 dàjiā　别人 biéren

謂語部分：来 lái　走 zǒu　跑 pǎo　办 bàn　干 gàn　讲 jiǎng　练习 liànxí
研究 yánjiū　反对 fǎnduì　同意 tóngyì　休息 xiūxi
看报纸 kàn bàozhǐ　听录音机 tīng lùyīnjī　打电话 dǎ diànhuà
打计算机 dǎ jìsuànjī　上网 shàng wǎng
编程序 biān chéngxù　发电子邮件 fā diànzǐyóujiàn

二、「一」の「主語部分」に挙げる人称代詞を次の文の主語と間接賓語のところにそれぞれ入れ替えてみよう。

1. 小王问老张一个问题。　　　Xiǎo Wáng wèn Lǎo Zhāng yī ge wèntí.
2. 爷爷给孙子讲故事。　　　　Yéye gěi sūnzi jiǎng gùshi.
3. 观众送演员一束花。　　　　Guānzhòng sòng yǎnyuán yī shù huā.
4. 他告诉我一个秘密。　　　　Tā gàosu wǒ yī ge mìmì.

三、例のように、次の文をそれぞれ"吗"・"是不是"・"不"を使って疑問文と否定形に直してみよう。

例：附近是银行。　　　　　　Fùjìn shì yínháng.
　→附近是银行吗？　　　　　Fùjìn shì yínháng ma?
　→附近是不是银行？　　　　Fùjìn shì bù shì yínháng?
　→附近不是银行。　　　　　Fùjìn bù shì yínháng.

1. 江南是他的故乡。　　　　　Jiāngnán shì tā de gùxiāng.
2. 圆周率是三点一四。　　　　Yuánzhōulǜ shì sāndiǎnyīsì.
3. 他们两个是恋人。　　　　　Tāmen liǎng ge shì liànrén.
4. 旅行是愉快的。　　　　　　Lǚxíng shì yúkuài de.
5. 桌子是方形的。　　　　　　Zhuōzi shì fāngxíng de.

我的朋友

6. 图书馆的东边是操场。　　　　Túshūguǎn de dōngbian shì cāochǎng.
7. 湖畔是公园。　　　　　　　　Húpàn shì gōngyuán.

四、次の名詞述語文をそれぞれ一般疑問文と否定形に直してみよう。

1. 前天星期三。　　　　　　　　Qiántiān xīngqīsān.
2. 现在两点。　　　　　　　　　Xiànzài liǎngdiǎn.
3. 身高一米七。　　　　　　　　Shēn'gāo yī mǐ qī.
4. 今年平成十四年。　　　　　　Jīnnián píngchéng shísì nián.
5. 一周五天工作日。　　　　　　Yīzhōu wǔ tiān gōngzuòrì.
6. 那个人黄头发, 假睫毛。　　　Nà ge rén huáng tóufa, jiǎ jiémáo.

五、例のように、前後の（　）にそれぞれ"既"と"又"を入れてみよう。

例：那家菜馆（既）便宜（又）好吃。　Nà jiā càiguǎn(jì)piányi(yòu)hǎochī.

1. 迎宾小姐（　）美丽（　）大方。　Yíng bīn xiǎojiě(　)měilì(　)dàfang.
2. 房间（　）明亮（　）宽敞。　　　Fángjiān(　)míngliàng(　)kuānchǎng.
3. 他（　）学英语（　）学汉语。　　Tā(　)xué Yīngyǔ(　)xué Hànyǔ.
4. 我（　）是老师（　）是学生。　　Wǒ(　)shì lǎoshī(　)shì xuésheng.

第六课 我的小天地

课文

我住在大学的留学生宿舍。我的房间有一张床,一张桌子,两把椅子,一个书架。我有一台手提电脑,放在桌子上。这个只有八平方米的房间,就是我的小天地。

我白天一般不在房间。或是在教室上课,或是在图书馆查资料。晚上在房间学习。

房间里没有空调。听说北京的夏天很热,还有蚊子。小王很有办法,不知从哪儿找来一台电风扇,还给我在床上挂上了中国人常用的蚊帐。在他的帮助下,我的房间有了很大变化。

解　字

在 zài	[動・介・副]	いる、ある；…に、…で；…しているところだ
大学 dàxué	[名]	大学
留学生 liúxuéshēng	[名]	留学生
有 yǒu	[動]	いる、ある
张 zhāng	[量・名]	枚、台、脚；姓の張
床 chuáng	[名]	ベッド
桌子 zhuōzi	[名]	机、テーブル
两 liǎng	[数]	二つ；二
把 bǎ	[量]	脚
椅子 yǐzi	[名]	椅子
个 gè	[量]	個
书架 shūjià	[名]	書架
手提电脑 shǒutídiànnǎo	[名]	ノートパソコン
放 fàng	[動]	置く
只 zhǐ	[副]	ただ…だけ
平方米 píngfāngmǐ	[量]	平方メートル
就 jiù	[副]	こそ
小天地 xiǎo tiāndì	[組]	小さい世界
白天 báitiān	[名]	昼間
一般 yībān	[形]	一般的に
或是 huòshì	[連]	…かそれとも…
图书馆 túshūguǎn	[名]	図書館
查 chá	[動]	捜す、調べる
资料 zīliào	[名]	資料
晚上 wǎnshang	[名]	夕方、晩、夜
里 lǐ	[方]	中、奥
没有 méiyǒu	[動・副]	ない、いない
空调 kōngtiáo	[名]	エアコン
听说 tīngshuō	[動]	…だそうだ
夏天 xiàtiān	[副]	夏
举一反三	春天 chūntiān 秋天 qiūtiān 冬天 dōngtiān	
很 hěn	[副]	とても
热 rè	[形]	暑い、熱い
蚊子 wénzi	[名]	蚊
办法 bànfǎ	[名]	方法
知 zhī	[動]	知る
哪儿 nǎr	[代]	どこ
找 zhǎo	[動]	捜す
台 tái	[量]	台
电风扇 diànfēngshàn	[名]	扇風機
挂 guà	[動]	かける
中国人 Zhōngguórén	[名]	中国人
常用 chángyòng	[形]	常用
蚊帐 wénzhàng	[名]	カヤ
在……下 zài,xià	[組]	…の下で、…によって
变化 biànhuà	[名・動]	変化（する）

> 说　文

一、"有"の構文

"有"は特殊な動詞として動作を表さず、所有・存在などを表す。

1. 所有を表す。

　　我有一台手提电脑。　　　　　　　Wǒ yǒu yī tái shǒutídiànnǎo.

　　房间只有八平方米。　　　　　　　Fángjiān zhǐyǒu bā píngfāngmǐ.

2. 存在を表す。

　　房间有一张床。　　　　　　　　　Fángjiān yǒu yī zhāng chuáng.

　　夏天有蚊子。　　　　　　　　　　Xiàtiān yǒu wénzi.

3. 評価を表す。

　　小王很有办法。　　　　　　　　　Xiǎo Wáng hěn yǒu bànfǎ.

4. 発生・出現を表す。

　　我的房间有了很大变化。　　　　　Wǒ de fángjiān yǒu le hěn dà biànhuà.

　☞ "有"の否定形は"没有"である。

　　房间里没有空调。　　　　　　　　Fángjiān li méi yǒu kōngtiáo.

二、"在"の構文

"在"は所在を表す動詞の使い方のほか、介詞（前置詞）としてよく使う。

1. 動詞。

　　我在房间。Wǒ zài fángjiān.

　☞ 否定形は"在"の前に"不"を入れる。

　　我不在房间。Wǒ bù zài fángjiān.

2. 介詞。

　　動詞の前後に「在＋場所関係の語句」というフレーズの形式で置かれる。

　（1）動詞の前に

　　在教室上课。　　　　　　　　　　Zài jiàoshì shàng kè.

　　在房间学习。　　　　　　　　　　Zài fángjiān xuéxí.

　　在图书馆查资料。　　　　　　　　Zài túshūguǎn chá zīliào.

　　在床上挂蚊帐。　　　　　　　　　Zài chuáng shang guà wénzhàng.

我的小天地

☞ 否定形は"在"の前に"不"を入れる。

(2) 動詞の後に

我住在学生宿舍。　　　　　　　Wǒ zhùzài xuéshēngsùshè.

手提电脑放在桌子上。　　　　　Shǒutídiànnǎo fàng zài zhuōzi shang.

※ 動詞の後にある"在"の介詞連語は補語である。補語について、第九課を参照。

☞ 否定形は動詞の前に"不"を入れるが、文によって"没"を使ってもよい。

3. "在……下"の形で前提条件を表す。

在他的帮助下，我的房间有了很大变化。

Zài tā de bāngzhù xià, wǒ de fángjiān yǒu le hěn dà biànhuà.

三、動作・状態を並べる表現"或是……，或是……"

或是在教室上课，或是在图书馆查资料。

Huòshì zài jiàoshì shàngkè, huòshì zài túshūguǎn chá zīliào.

四、伝聞を表す

听说北京的夏天很热。　　　　　Tīngshuō Běijīng de xiàtiān hěn rè.

五、一般量詞

　中国語の量詞は日本語の助数詞よりはるかに数が多く、かつ使い方が複雑である。それは単に量詞と後続する名・動詞の性質に相応せねばならないのみならず、指示代詞と名詞の間の、日本語では「の」で簡単に接続するところに、中国語の場合、相応の量詞を使わなければならない。なお、表す対象によって量詞は名量詞と動量詞に分けられる。多くの名量詞は名詞から転じたものである。付録の「常用量詞表」を参照。

一张床　yī zhāng chuáng　　　　两把椅子　liǎng bǎ yǐzi

一个书架　yī ge shūjià　　　　　一台电脑　yī tái diànnǎo

六、絶対量詞

　名量詞の一部として規定される長さ・重さ・面積・容積・貨幣などの単位は絶対量詞という。

1. 長さ

    国際共通：公里 gōnglǐ　公尺 gōngchǐ（米 mǐ ともいう）

    　　　　　公分 gōngfēn（厘米 límǐ ともいう）

    中国独自：里 lǐ　　丈 zhàng　　（市 shì）尺 chǐ　　寸 cùn

2. 重さ

    国際共通：吨 dūn　　　　　　公斤 gōngjīn　　　　　　克 kè

    中国独自：（市）斤 jīn　　两 liǎng

3. 面積

    国際共通：公顷 gōngqǐng　　平方公里 píngfānggōnglǐ　　平方米 píngfāngmǐ

    中国独自：顷 qǐng　　　　　亩 mǔ

4. 容積

    国際共通：公升 gōngshēng

    中国独自：石 dàn　　　　　斗 dǒu　　　　　　升 shēng

广雅　度量衡統一と「書同文、車同軌」

秦の始皇帝は初めて中国全土を統一した後、統一国家の中央集権制と適応する様々な政策を全国に強行的に実施していった。経済の領域では、税収と商売の基準とする度量衡を統一した。いま、当時のはかりの道具「秦権」が見られる。始皇帝は各国に流通していた独自の貨幣を廃止し、従来の秦の円形方孔の銅銭（秦半両）を統一貨幣として全国に流通させた。ひいては車輪の幅まで規定した。また文化の領域では始皇帝は、李斯に命じて秦国の文字を基準とし、六国の文字を参照して書き方が簡単な小篆を作って、標準の書体として全国に押し広め、これにより初めて漢字の混乱状態が終了した。同時に小篆よりもっと簡単な隷書も役所で使われるようになった。こうした「書同文、車同軌」と呼ばれる専制主義的な行動、とりわけ文字・貨幣・度量衡の統一は当時の文化・経済の交流と発展を促した。さらに計り知れない客観的な意義としては、統一国家としての絆を作り、求心力が強められただけでなく、漢字文化圏形成の基礎も築かれたことである。このように、かつて暴君の代表とされた始皇帝の業績を見ると、世の中では、ある事に対して善か悪か、一時的に結論を下すことはできないのであり、その評価には長い歴史的検証が必要であるといえよう。

我的小天地

话 本

日常会话（6）診察を受けるとき

甲：Nǎr bù shūfu?
哪儿 不 舒服？　　　　　（どこの気分が悪いですか？）

乙：Késou, sǎngzi téng, hái yǒuxiē fā shāo.
咳嗽，嗓子 疼，还 有些 发 烧。　　　（咳がでるし、喉が痛い。また熱が少しあります。）

甲：Wǒ lái jiǎnchá yī xià.
我 来 检查 一 下。　　　（ちょっと診察してみましょう。）

乙：Dàifu, shì shénme bìng?
大夫，是 什么 病？　　　（先生、どんな病気でしょうか？）

甲：Dàgài shì liúxíngxìnggǎnmào.
大概 是 流行性感冒。　　（たぶんインフルエンザだろうと思います。）

乙：Yánzhòng ma?
严重 吗？　　　　　　　　（ひどいですか？）

甲：Bùyàojǐn, wǒ gěi nǐ kāi diǎnr yào.
不要紧，我 给 你 开 点儿 药。　　（大丈夫です。ちょっと薬をだします。）

乙：Xièxie.
谢谢。　　　　　　　　　　（どうもありがとうございます。）

> 学而时习之

一、それぞれの文の（　）の部分を下の語句で入れ替えて読み練習をしよう。
　その後で"没"を使ってその文を否定形に直してみよう。

1. 我有（钢笔）。Wǒ yǒu(gāngbǐ).

　　铅笔 qiānbǐ　　毛笔 máobǐ　　圆珠笔 yuánzhūbǐ　　微波炉 wēibōlú
　　汽车 qìchē　　摩托车 mótuōchē　　自行车 zìxíngchē　　信用卡 xìnyòngkǎ
　　洗衣机 xǐyījī　　电视 diànshì　　电冰箱 diànbīngxiāng　　手机 shǒujī

2. 他有（时间）。Tā yǒu(shíjiān).

　　经验 jīngyàn　　事情 shìqing　　要求 yāoqiú　　意见 yìjian
　　水平 shuǐpíng　　条件 tiáojiàn　　主意 zhǔyi　　文化 wénhuà
　　知识 zhīshi　　准备 zhǔnbèi　　困难 kùnnan　　问题 wèntí　　危险 wēixiǎn
　　病 bìng

3. 她有（朋友）。Tā yǒu(péngyou).

　　丈夫 zhàngfu　　爱人 àirén　　儿子 érzi　　女儿 nǚ'ér　　孙子 sūnzi　　孙女 sūnnǚ
　　师傅 shīfu　　徒弟 túdì　　老师 lǎoshī　　学生 xuésheng　　小孩儿 xiǎoháir

二、次の文について、まず下の語句をそれぞれ（　）内の語句と入れ替えて、後で"有"の文を否定形に直してみよう。次に矢印が指す例文のように"在"の文にそれぞれ直してみて、さらにその"在"の文を否定形に直してみよう。

　　路旁有（树）。Lù páng yǒu(shù).　→　树在路旁。Shù zài lù páng.
　　路旁没有树。Lù páng méiyǒu shù.　→　树不在路旁。Shù bù zài lù páng.

　　山 shān　　河 hé　　桥 qiáo　　楼 lóu　　墙 qiáng　　花 huā
　　工厂 gōngchǎng　　商店 shāngdiàn　　学校 xuéxiào
　　饭店 fàndiàn　　公园 gōngyuán　　操场 cāochǎng

三、つぎの誤用を訂正してみよう。

1. 车站不有火车。Chēzhàn bù yǒu huǒchē.
2. 首都没在上海。Shǒudū méi zài Shànghǎi.
3. 我在一本词典。Wǒ zài yī běn cídiǎn.
4. 她有邮局寄挂号信。Tā yǒu yóujú jì guàhàoxìn.

我的小天地

四、次の日本語を中国語に訳してみよう。

1. 教室に学生がいます。
2. 学生が教室にいます。
3. 図書館が学校にあります。
4. 学校に図書館があります。

五、それぞれの文の（　　）の部分を下の語句で入れ替えて読み練習をしよう。

听说(她病了)。Tīngshuō(tā bìng le).

明天考试 míngtiān kǎoshì

他出国了 tā chū guó le

京剧很像歌舞伎 jīngjù hěn xiàng gēwǔjì

樱花开了 yīnghuā kāi le

第七课　北京的夏天
Dì qī kè　Běijīng de xiàtiān

课文

Běijīng de xiàtiān, báitiān xiàng huǒlú yīyàng rè. Yīnwèi
北京的夏天，白天像火炉一样热。因为

chángcháng guā fēng, suǒyǐ bìng bù gǎndào mēnrè. Wǎnshang yě bǐ
常常刮风，所以并不感到闷热。晚上也比

Dōngjīng liángkuai. Yī dào wǎnshang, rénmen jiù sānwǔ-chéngqún, dào
东京凉快。一到晚上，人们就三五成群，到

dàjiē shang sànbù、chéngliáng. Zuìjìn, wǒ cháng hé Xiǎo Wáng qù
大街上散步、乘凉。最近，我常和小王去

Shíshàhǎi yóuyǒng. Yī jìndào liángshuǎng de húshuǐ zhōng, zhēn shì
什刹海游泳。一进到凉爽的湖水中，真是

shūfu.
舒服。

Xiàtiān de Běijīng, shuǐguǒ hěn duō, érqiě méiyǒu Rìběn nàme
夏天的北京，水果很多，而且没有日本那么

guì, shí kuài qián jiù mǎi yī duī. Táozi shuǐlínglíng de, xīguā
贵，十块钱就买一堆。桃子水灵灵的，西瓜

tèbié tián.
特别甜。

解　字

火炉 huǒlú	[名]	こんろ、ストーブ
像 xiàng	[副]	…しそうだ、…のようだ
一样 yīyàng	[形]	同じ
因为 yīnwèi	[連]	…なので、…だから
所以 suǒyǐ	[連]	したがって、だから
常常 chángcháng	[副]	常に
刮风 guā fēng	[組]	風が吹く
并 bìng	[副]	決して、べつに
感到 gǎndào	[動]	感じる
闷热 mēnrè	[形]	蒸し暑い
也 yě	[副]	も
比 bǐ	[介]	…より、…に比べて
东京 Dōngjīng	[名]	東京
凉快 liángkuai	[形]	涼しい
到 dào	[動]	到る
人们 rénmen	[代]	人たち
三五成群 sānwǔ-chéngqún	[成]	三三五五群れをなす
大街 dàjiē	[名]	大通り
散步 sànbù	[動]	散歩する
乘凉 chéng liáng	[組]	涼む、涼をとる
和 hé	[介]	と
去 qù	[動]	行く

什刹海 Shíshàhǎi	[名]	北京市内の湖
游泳 yóuyǒng	[動]	泳ぐ、水泳する
进 jìn	[動]	入る
凉爽 liángshuǎng	[形]	涼しい、さわやかである
湖水 húshuǐ	[名]	湖水
真 zhēn	[副]	ほんとう
舒服 shūfu	[形]	気分がよい、心地よい
水果 shuǐguǒ	[名]	果物
多 duō	[形]	多い
而且 érqiě	[連]	かつ、そのうえ
日本 Rìběn	[名]	日本
堆 duī	[量]	山盛りにしたもの；群れをなした人
那么 nàme	[代・連]	そのように、それほど；それでは
桃子 táozi	[名]	桃
水灵灵 shuǐlínglíng	[形]	みずみずしい；生き生きしている
西瓜 xīguā	[名]	西瓜
特别 tèbié	[副]	とりわけ、ことのほか
甜 tián	[形]	甘い

举一反三　苦 kǔ　辣 là　酸 suān　咸 xián　涩 sè

说 文

一、形容詞謂語文

东京凉快。　　　　　　　　　　Dōngjīng liángkuai.
水果很多。　　　　　　　　　　Shuǐguǒ hěn duō.
水果很便宜。　　　　　　　　　Shuǐguǒ hěn piányi.
西瓜特别甜。　　　　　　　　　Xīguā tèbié tián.

☞ 形容詞の前には修飾フレーズや副詞がよく使われる。否定形は形容詞の前に"不"を入れる。そのとき、一般的に形容詞の前の副詞などを削除する。そうでなければ、ニュアンスが異なる場合がある。

比较

水果很便宜。　　水果不很便宜。　Shuǐguǒ bù hěn piányi.
　　　　　　　　水果很不便宜。　Shuǐguǒ hěn bù piányi.
　　　　　　　　水果不便宜。　　Shuǐguǒ bù piányi.

☞ 形容詞の前には一般的に"是"は使われないが、使うと、「たしかに」という強調するニュアンスになる。

天气是热，但并不闷热。　　Tiānqì shì rè, dàn bìng bù mēnrè.
（天気はたしかに暑いですが、蒸し暑くありません。）

二、連動文

一つの主語の下で、動作の前後関係のある二つ以上の動詞文節が並ぶ文。

到大街上散步。　　　　　　　　Dào dàjiē shang sànbù.
去什刹海游泳。　　　　　　　　Qù Shíshàhǎi yóuyǒng.

三、比較の表現

1. **"比"**

   北京的晚上比东京凉快。　　　Běijīng de wǎnshang bǐ Dōngjīng liángkuai.

2. **"没有"**

   北京的水果没有日本那么贵。　Běijīng de shuǐguǒ méi yǒu Rìběn nàme guì.

3. **"像（跟 gēn，和 hé，同 tóng）……一样"**

   白天像火炉一样热。　　　　　Báitiān xiàng huólú yīyàng rè.

四、数字とお金の言い方

数字

一百 yī bǎi 　　一百零一 yī bǎi líng yī 　　一百一（十）yī bǎi yī (shí)

二百五（十）èr bǎi wǔ(shí) 　　二［两］千零一 èr［liǎng］qiān líng yī

二［两］千零十 èr［liǎng］qiān líng shí

二［两］千二（百）èr［liǎng］qiān èr (bǎi)

两［二］万零一 liǎng［èr］wàn líng yī

两［二］万零二百零二 liǎng［èr］wàn líng èr bǎi líng èr

十三亿五千七百八十万 shísān yì wǔ qiān qī bǎi bāshí wàn

* "二"と"两"との区別は、一般的にいえば、"二"は序数をいう場合によく使うが、"两"は数量をいう場合によく使っている。序数をいう場合に"两"を使うのは、百以上の桁の数字の前に限られる。例えば、"两百""两千""两万""两亿""两兆"とはいえるが、"两十"とはいえない。

お金　（人民币 rénmínbì）

標準：　元 yuán　　　　　角 jiǎo　　　　　　分 fēn

口語：　块 kuài　　　　　毛 máo　　　　　　分 fēn

言い方：五分 wǔ fēn　　　　　　　一毛五（分）yī máo wǔ (fēn)

一块零五（分）yī kuài líng wǔ (fēn)　一块五（毛）yī kuài wǔ (máo)

一块五毛五（分）yī kuài wǔ máo wǔ (fēn)

十五块五（毛）shíwǔ kuài wǔ (máo)

一百一十五块五（毛）yī bǎi yīshíwǔ kuài wǔ (máo)

两千二百五（十块）liǎng qiān èr bǎi wǔ (shí kuài)

两万二（千块）liǎng wàn èr (qiān kuài)

聞き方：多少钱？Duōshao qián?　　　怎么卖？Zěnme mài?

☞ 主要外貨の言い方

日元 (rìyuán)　　　美元 (měiyuán)　　　欧元 (ōuyuán)　　　英镑 (yīngbàng)

法郎 (fǎláng)　　　马克 (mǎkè)　　　里拉 (lǐlā)　　　港币 (gǎngbì)

五、複文（2）

1. 因果関係 "因为（由于）……，所以……"

    因为常常刮风，所以并不感到闷热。
    Yīnwèi chángcháng guā fēng, suǒyǐ bìng bù gǎndào mēnrè.

2. 添加関係 "（不但）……而且……"

    水果（不但）很多，而且没有日本贵。
    Shuǐguǒ (bùdàn) hěn duō, érqiě méi yǒu Rìběn guì.

3. 接続関係 "一……，（就）……"

    一到晚上，人们就到大街上散步。
    Yī dào wǎnshang, rénmen jiù dào dàjiē shang sànbù.

广雅　中国語の語順

　　中国語では文の意味と文法関係は、主に語順によって表されるのである。一つの文において、全く同じ語彙にもかかわらず、順番が異なると、強調のポイント、ひいては表す意味が全然違うようになる。たとえば、第7課の本文には"北京的夏天"と"夏天的北京"がそれぞれあるが、前者には"北京的"という三文字は"夏天"の限定修飾語であり、北京の夏を表す。後者には"夏天的"という三文字は"北京"の限定修飾語であり、夏の北京を表す。強調のポイントは全く違う。この語順に関して、一つの逸話がある。二〇世紀初頭、有名な書道家である于右任は中華民国の監察院長を担当していた。当時の官庁はトイレがすくないため、職員たちはあちこちの隅に小便している。長官としての于右任は、こうした行為にたいへん怒って、"不可随处小便"（あちこちに小便するな）と書いて、よく小便する隅にその紙を貼りだした。官庁内の一人の小吏は、于氏の書道作品の愛好者だったが、それまで手に入れる方法がなかった。かれはその隅に貼ってある紙を見ると、喜んでひそかに取り外した。家に持ち帰ると、その紙を切り張りし、"小处不可随便"（小さいことでも気ままにしてはいけない）という文字の順番にやり直して、掛け軸を作って、家にかけだした。同じ6文字であるが、順番が変わると、一般的な告示から、転じて人生の警句となってしまった。これは語順の不思議であろう。

话 本

日常会話（7） 買い物

甲：<ruby>请问<rt>Qǐngwèn</rt></ruby>，<ruby>苹果<rt>píngguǒ</rt></ruby> <ruby>怎么<rt>zěnme</rt></ruby> <ruby>卖<rt>mài</rt></ruby>？ <ruby>多少<rt>Duōshao</rt></ruby> <ruby>钱<rt>qián</rt></ruby> <ruby>一<rt>yī</rt></ruby> <ruby>斤<rt>jīn</rt></ruby>？
（おたずねしますが、リンゴはどのように売っていますか、一斤いくらですか。）

乙：<ruby>八<rt>Bā</rt></ruby> <ruby>块<rt>kuài</rt></ruby> <ruby>二<rt>èr</rt></ruby>，<ruby>要<rt>yào</rt></ruby> <ruby>多少<rt>duōshao</rt></ruby>？
（八元二角ですが、どれぐらい必要ですか。）

甲：<ruby>太<rt>Tài</rt></ruby> <ruby>贵<rt>guì</rt></ruby> <ruby>了<rt>le</rt></ruby>，<ruby>能<rt>néng</rt></ruby> <ruby>不<rt>bù</rt></ruby> <ruby>能<rt>néng</rt></ruby> <ruby>便宜<rt>piányi</rt></ruby> <ruby>点儿<rt>diǎnr</rt></ruby>？
（高すぎるのですが、ちょっとまけられませんか。）

乙：<ruby>那么<rt>Nàme</rt></ruby>，<ruby>七<rt>qī</rt></ruby> <ruby>块<rt>kuài</rt></ruby> <ruby>三<rt>sān</rt></ruby>，<ruby>怎么样<rt>zěnmeyàng</rt></ruby>？
（じゃあ、七元三角で、どうですか。）

甲：<ruby>好<rt>Hǎo</rt></ruby> <ruby>吧<rt>ba</rt></ruby>。<ruby>来<rt>Lái</rt></ruby> <ruby>二<rt>èr</rt></ruby> <ruby>斤<rt>jīn</rt></ruby>。
（それでいいです。二斤ください。）

乙：<ruby>二<rt>Èr</rt></ruby> <ruby>斤<rt>jīn</rt></ruby> <ruby>三<rt>sān</rt></ruby> <ruby>两<rt>liǎng</rt></ruby>，<ruby>十六<rt>shíliù</rt></ruby> <ruby>块<rt>kuài</rt></ruby> <ruby>七<rt>qī</rt></ruby> <ruby>毛<rt>máo</rt></ruby> <ruby>九<rt>jiǔ</rt></ruby>。<ruby>您<rt>Nín</rt></ruby> <ruby>给<rt>gěi</rt></ruby> <ruby>十六<rt>shíliù</rt></ruby> <ruby>块<rt>kuài</rt></ruby> <ruby>五<rt>wǔ</rt></ruby> <ruby>吧<rt>ba</rt></ruby>。
（二斤三両ですから、合計で十六元七角九分です。十六元五角でいいです。）

甲：<ruby>对不起<rt>Duìbuqǐ</rt></ruby>，<ruby>没<rt>méi</rt></ruby> <ruby>零钱<rt>língqián</rt></ruby>，<ruby>先<rt>xiān</rt></ruby> <ruby>给<rt>gěi</rt></ruby> <ruby>你<rt>nǐ</rt></ruby> <ruby>五十<rt>wǔshí</rt></ruby>。
（すみません、こまかいのがないから、とりあえず、五十元札をあげますが。）

乙：<ruby>找<rt>Zhǎo</rt></ruby> <ruby>您<rt>nín</rt></ruby> <ruby>三十三<rt>sānshísān</rt></ruby> <ruby>块<rt>kuài</rt></ruby> <ruby>五<rt>wǔ</rt></ruby>。
（おつり三十三元五角をお返しします。）

学而时习之

一、例のように、入れ替える練習をしてみよう。

例：年纪很**大** Niánjì hěn dà. → 年纪很**小** xiǎo

1. 个子很高 Gèzi hěn gāo. → 矮 ǎi
2. 水平很高 Shuǐpíng hěn gāo. → 低 dī
3. 时间很长 Shíjiān hěn cháng. → 短 duǎn
4. 肚子很饿 Dùzi hěn è. → 饱 bǎo
5. 朋友非常多 Péngyou fēicháng duō. → 少 shǎo
6. 特别高兴 Tèbié gāoxìng. → 生气 shēngqì
7. 天气格外热 Tiānqì géwài rè. → 冷 lěng
8. 东西极贵 Dōngxi jí guì. → 便宜 piányi
9. 地方相当大 Dìfang xiāngdāng dà. → 小 xiǎo
10. 衣服好脏 Yīfu hǎo zāng. → 干净 gānjìng
11. 汉语挺难 Hànyǔ tǐng nán. → 容易 róngyì
12. 问题比较简单 Wèntí bǐjiào jiǎndān. → 复杂 fùzá

二、下記の連動文に指定された語句でそれぞれ入れ替えてみよう。

<u>做完作业</u>**玩儿游戏机**。Zuòwán zuòyè wánr yóuxìjī.

1. 下線付きの語句と入れ替え　　上完课 shàngwán kè　吃过饭 chīguo fàn
   　　　　　　　　　　　　　　听两遍录音 tīng liǎng biàn lùyīn
   　　　　　　　　　　　　　　预习完 yùxí wán
2. 太字の語句と入れ替え　　　　看电视 kàn diànshì　睡觉 shuìjiào
   　　　　　　　　　　　　　　跳舞 tiàowǔ　洗澡 xǐzǎo

<u>坐飞机</u>**去苏州**。Zuò fēijī qù Sūzhōu.

1. 下線付きの語句と入れ替え　　坐船 zuò chuán　坐火车 zuò huǒchē
   　　　　　　　　　　　　　　坐长途公共汽车 zuò chángtúgōnggòngqìchē
   　　　　　　　　　　　　　　打的 dǎ dí
2. 太字の語句と入れ替え　　　　去上海 qù Shànghǎi　去天津 qù Tiānjīn
   　　　　　　　　　　　　　　去重庆 qù Chóngqìng　去北京 qù Běijīng

去中国**留学**。Qù Zhōngguó liúxué.

1. 下線付きの語句と入れ替え　　去美国 qù Měiguó　　去法国 qù Fǎguó
　　　　　　　　　　　　　　　　去德国 qù Déguó　　去意大利 qù Yìdàlì
2. 太字の語句と入れ替え　　　　旅游 lǚyóu　看时装展览 kàn shízhuāngzhǎnlǎn
　　　　　　　　　　　　　　　　听音乐 tīng yīnyuè　吃面条儿 chī miàntiáor

三、例のように、下記に並べた語句の順番に従ってそれぞれ"比""没有""跟……一样"を使って比較文を作ってみよう。

例：我　他　大：　① 我比他大。Wǒ bǐ tā dà.
　　　　　　　　　② 我没有他大。Wǒ méiyǒu tā dà.
　　　　　　　　　③ 我跟他一样大。Wǒ gēn tā yīyàng dà.

1. 他 tā　你 nǐ　高 gāo
2. 我的成绩 wǒ de chéngjì　　他 tā　　好 hǎo
3. 北京的物价 Běijīng de wùjià　　东京 Dōngjīng　　贵 guì
4. 北方的水果 běifāng de shuǐguǒ　　南方 nánfāng　　多 duō

四、"因为（由于），所以""不但，而且""一，就"を選んで下記の文の（　　）に適当に入れて、複文を作ってみよう。

1. (　)他经常练习,(　)会话很流利。
   (　)tā jīngcháng liànxí, (　)huìhuà hěn liúlì.
2. (　)他病了,(　)没来上课。
   (　)tā bìng le, (　)méi lái shàng kè.
3. 他(　)会说汉语,(　)还会说法语。
   (　)tā huì shuō Hànyǔ, (　)hái huì shuō Fǎyǔ.
4. (　)下雨,(　)风也很大。
   (　)xià yǔ, (　)fēng yě hěn dà.
5. (　)上课,(　)睡觉。
   (　)shàng kè, (　)shuìjiào.
6. (　)紧张,(　)出汗。
   (　)jǐnzhāng, (　)chū hàn.

第八课 期末复习
Dì bā kè qīmò fùxí

课文

快要期末考试了。特别紧张,连游泳也没空儿去了。每天下了课就回宿舍。今天晚上,我吃了一碗方便面,看了一会儿新闻联播,就开始复习功课了。已经是半夜十二点了,对面小王房间的灯还一直亮着,大概他也在准备考试吧。

在日本,我虽然经历过不少考试,但是在中国还没参加过。我一定认真复习,争取考个好成绩。

解　字

快要 kuàiyào	[副] まもなく、もうすぐ	灯 dēng	[名] 電灯、ともしび、明かり
期末 qīmò	[名] 学期末	一直 yīzhí	[副] ずっと
考试 kǎoshì	[動・名] 試験（する）	亮 liàng	[動] ともる
连 lián	[介] …さえ、…すら	着 zhe	[助] …している；…してある
空儿 kòngr	[名] すきま；暇	大概 dàgài	[副] たぶん
下 xià	[動] （勤務・授業など）終わる	准备 zhǔnbèi	[動] 準備する、用意する
回 huí	[動] 帰る	虽然 suīrán	[連] …ではあるが…
今天 jīntiān	[名] 今日	经历 jīnglì	[名・動] 経験（する）
吃 chī	[動] 食べる	过 guo	[助] …したことがある
碗 wǎn	[名・量] 碗	不少 bùshǎo	[形] 少なくない、多い
方便面 fāngbiànmiàn	[名] 即席ラーメン	但是 dànshì	[連] しかし、けれども
看 kàn	[動] 見る	没 méi	[動・副] ない、…していない
一会儿 yīhuìr	[名] しばらく（短い時間）	参加 cānjiā	[名・動] 参加(する)
新闻联播 xīnwénliánbō	[名] ニュースの総合放送（中国中央テレビ局の番組）	一定 yīdìng	[副] 必ず、きっと
		认真 rènzhēn	[形] 真剣に、まじめに
		争取 zhēngqǔ	[動] 実現をめざして努力する
开始 kāishǐ	[動] 始まる、始める	考 kǎo	[動] 試験する
半夜 bànyè	[名] 深夜	成绩 chéngjì	[名] 成績
十二点 shí'èrdiǎn	[組] 十二時		

说 文

一、動作の態(アスペクト) ——動態助詞の"了""着""过"

1. 変化(文末の"了")

    开始复习功课了。　　　　　　Kāishǐ fùxí gōngkè le.
    → 没开始复习功课。　　　　Méi kāishǐ fùxí gōngkè.
    快要期末考试了。　　　　　　Kuài yào qīmòkǎoshì le.
    → 没到期末考试。　　　　　Méi dào qīmòkǎoshì.

    ※ "快(要)……了"(まもなく……となる)という慣用表現はもうすぐ発生する事態を表す。

2. 仮定・経常的完了

    我每天下了课就回宿舍。　　　Wǒ měitiān xiàle kè jiù huí sùshè.
    → 我每天没(不)下课就回宿舍。 Wǒ měitiān méi (bù) xià kè jiù huí sùshè.

3. 実質的完了(動詞の直後の"了")

    我吃了一碗方便面。　　　　　Wǒ chīle yī wǎn fāngbiànmiàn.
    → 我没吃方便面。　　　　　Wǒ méi chī fāngbiànmiàn.
    看了一会儿新闻联播。　　　　Kànle yīhuǐr xīnwénliánbō.
    → 没看新闻联播。　　　　　Méi kàn xīnwénliánbō.

    比較　吃了饭。　　　　　　　Chīle fàn.(食事は済んだ。〈完了〉)
    　　　吃饭了。　　　　　　　Chī fàn le.(1.食事は済んだ。〈完了〉
    　　　　　　　　　　　　　　　　　　　　2.食事が始まった。〈変化〉)

    ☞ 否定形は以上の例に示したように、謂語動詞の前に副詞"没(有)"を入れるが、"了"を削除する必要がある。また否定形にするに伴い、一般的に数量・時間関係の語彙もとるべきである。しかし仮定・経常的完了を表すとき、その否定形は副詞"不"を使う場合もある。

4. 進行(正……;正在……;在……;……呢;正(在)……呢;在……呢)

    在准备考试。　　　　　　　　Zài zhǔnbèi kǎoshì.

    ☞ 動態助詞"着"は"正(在)……呢"と連用できる。

期末复习

例：伊藤和田中正在下着围棋呢。　　Yīténg hé Tiánzhōng zhèng zài xiàzhe wéiqí ne.

（伊藤さんと田中さんは囲碁を打っています。）

※ 動作の進行を表す"在"は副詞である。

5. 持続（動詞の直後に"着"）

小王房间的灯一直亮着。　　Xiǎo Wáng fángjiān de dēng yīzhí liàngzhe.

☞ 否定形は"没……着"である。

→　小王房间的灯没亮着。　　Xiǎo Wáng fángjiān de dēng méi liàngzhe.

☞ 実際には、日本語では「動作の進行」と「状態の持続」とは同じように表現する。その主なニュアンス上の違いは、前者が動態的に動作者の主観的な行動を表すのに対して、後者は静態的な状態を客観的に表す。

6. 経験（動詞の直後に"过"）

我经历过不少考试。　　Wǒ jīnglìguo bù shǎo kǎoshì.

☞ 否定形は動詞の前に"没（有）"を入れる。

我没参加过考试。　　Wǒ méi cānjiāguo káoshì.

二、時間帯と時刻の表現

時間帯

早晨（早上）zǎochen(zǎoshang)　上午（午前）shàngwǔ(wǔqián)

中午（正午、晌午）zhōngwǔ(zhèngwǔ, shǎngwǔ)　下午（午后）xiàwǔ(wǔhòu)

傍晚 bàngwǎn　晚上 wǎnshang　深夜（半夜）shēnyè(bànyè)

夜间（夜里）yèjiān(yèli)　白天 báitiān

時間の単位

小时 xiǎoshí＝钟头 zhōngtóu　分 fēn＝分钟 fēnzhōng　秒 miǎo＝秒钟 miǎozhōng

時刻

几点 jǐ diǎn　几分 jǐ fēn　几秒 jǐ miǎo

下午两点(钟）xiàwǔ liǎng diǎn(zhōng)　［14:00］

两点过五分 liǎng diǎn guò wǔ fēn ＝两点零五（分）liǎng diǎn líng wǔ (fēn)
＝两点五分 liǎng diǎn wǔ fēn ［14:05］
两点十五（分）liǎng diǎn shíwǔ (fēn) ＝两点一刻 liǎng diǎn yī kè ［14:15］
两点三十（分）liǎng diǎn sānshí(fēn) ＝两点半 liǎng diǎn bàn ［14:30］
两点四十五（分）liǎng diǎn sìshíwǔ(fēn) ＝两点三刻 liǎng diǎn sān kè ［14:45］
两点五十五（分）liǎng diǎn wǔshíwǔ(fēn) ＝差五分三点 chà wǔ fēn sān diǎn
［14:55］

比较　两点 liǎng diǎn／两（个）小时 liǎng (ge) xiǎoshí

三、強調の表現 "连……也（都）……"

特别紧张，连游泳也没空儿去了。　　Tèbié jǐnzhāng, lián yóuyǒng yě méi kòngr qù le.

四、推測の表現 "大概……吧"

大概他也在准备考试吧。　　Dàgài tā yě zài zhǔnbèi kǎoshì ba.

广雅　科挙と試験

現代社会では、学校だけに限らず、いろいろな試験があるであろう。中国古代の科挙試験というものはご存じだと思う。それは官僚登用制度の一環として、隋代（581～618）から発足したのである。その試験の形は、いまの大学入試とよく似ている。たとえば、受験者の名前も隠されて採点することなどである。知識人は蛍雪十年という長期間の苦しい受験準備によって、一旦「及第」（受験合格）したら、官途につき、免税などの優遇をうけて、一生の間栄耀栄華を極められるので、当時、その及第を「竜門に登る」とたとえていた。また『春風得意馬蹄疾、一日看尽長安花』という及第後の喜びを描写する詩がある。こうした20世紀初頭まで千年以上にわたった科挙試験は、中国社会において、士大夫という知識人のエリートによって主宰される文官政治を形成させた。これは中国における前近代政治史の基本特徴だといえる。

五、複文（3）

逆接関係 "虽（然，说）……但（是）〔可是 kěshì，不过 bùguò〕……"

我虽然经历过不少考试，但是在中国还没参加过。
Wǒ suīrán jīnglìguo bùshǎo kǎoshì, dànshì zài Zhōngguó hái méi cānjiāguo.

广雅　大事な句点

　　周知のように、文章に句点を入れると、その文章が読みやすくなるだけでなく、意味も分かり易くなっているのである。ところが、昔の中国語の文章はもともと句点がついていない「白文」であった。そのため、その白文に句点を入れることは昔の学生の基本的な訓練となった。漢字ばかりの句点の付かない文章において、理解を間違う場合がよく生じていた。

　　一つの逸話がある。雨の日、ある旅館の主人が投宿してきた客を接待したくないため、次のような看板を出している。

　　　　　下雨天留客天留人不留

という。その主人は本来 "下雨天留客，天留人不留"（雨が降って天の意思は客を引き留めるが、天は引き留めても人〔その主人の自称〕は引き留めない。）という意思を表したかったが、その看板の文には句点が付いていなかった。それで投宿客はその文に次のように句点を入れた。つまり "下雨天，留客天，留人不？留。"（雨が降る日は客を引き留める日だ。人〔客を指す〕を引き留めるのか？引き留める。）という。結果はこのように句点をいれたため、その主人は余儀なくその客を泊まらせてしまった。この例によって、句点の大事さが分かるであろう。文章の表現がますます複雑になるため、中国語の句点（標点符号）の種類が次第に多くなって、使い方も複雑になっている。その標点符号の用法は中国語の勉強に関して不可欠なことであるといえる。

话 本

日常会話 (8) 日時を尋ねる

甲: Jīntiān jǐ yuè jǐ hào?
　　今天 几 月 几 号？　　　　　（今日は何月何日ですか。）

乙: Liù yuè èrshíjiǔ hào.
　　六 月 二十九 号。　　　　　（六月二十九日です。）

甲: Xīngqī jǐ?
　　星期 几？　　　　　　　　　（何曜日ですか。）

乙: Xīngqī sān.
　　星期 三。　　　　　　　　　（水曜日です。）

甲: Xiànzài jǐ diǎn?
　　现在 几 点？　　　　　　　（いま何時ですか。）

乙: Chà wǔ fēn shí diǎn.
　　差 五 分 十 点。　　　　　（十時五分前です。）

甲: Lí shàng kè hái yǒu duō cháng shíjiān?
　　离 上 课 还 有 多 长 时间？（授業の始まりまでまだどれだけの時間がありますか。）

乙: Hái yǒu bàn ge duō zhōngtóu.
　　还 有 半 个 多 钟头。　　（まだ三十分くらいあります。）

期末复习

学而时习之

一、次の文のゴシック体語句を ☐ 内の語句で変換してみよう。

1. **窗户**开着（关着）。 Chuānghu kāizhe (guānzhe).

   | 门 mén　灯 dēng　电视 diànshì　录音机 lùyīnjī |

2. 他（正）在**打字**（呢）。 Tā (zhèng) zài dǎ zì(ne).

   | 打电话 dǎ diànhuà　　发传真 fā chuánzhēn　　上网聊天 shàng wǎng liáotiān
吃饭 chī fàn　　　　　睡觉 shuìjiào　　　　　练气功 liàn qìgōng |

二、例のように、与えられた語句を（　）に入れてみよう。

例：爸爸（　）过（　）。写；小说 → 爸爸（写）过（小说）。Bàba(xiě)guo(xiǎoshuō).

1. 我没（　）过（　）。Wǒ méi(　)guo(　). 去 qù；南极 Nánjí
2. 他曾经（　）过（　）。Tā céngjīng(　)guo(　). 当 dāng；兵 bīng
3. 你（　）过（　）? Nǐ(　)guo(　)? 听说 tīngshuō；那件事吗 nà jiàn shì ma
4. 你（　）过（　）? Nǐ(　)guo(　)?
   看 kàn；那部电视连续剧吗 nà bù diànshìliánxùjù ma

三、例のように、次の語句を"**快要**"でつないで文を作ってみよう。

例：大学；毕业了 → 大学快要毕业了。Dàxué kuàiyào bìyè le.

1. 电影 diànyǐng; 开演了（结束了）kāi yǎn le(jiéshù le)
2. 会议 huìyì; 开始了（结束了）kāishǐ le(jiéshù le)
3. 火车 huǒchē; 开了（到站了）kāi le(dào zhàn le)
4. 飞机 fēijī; 起飞了（降落了）qǐfēi le(jiàngluò le)
5. 天 tiān; 黑了（亮了）hēi le(liàng le)

四、例のように、前後の（　）にそれぞれ"连""也"（都）を入れてみよう。

例：（ 连 ）北京（ 也 ）没去过。(Lián)Běijīng(yě)méi qù guo.

1. （　）比赛（　）没参加。（　）bǐsài（　）méi cānjiā.
2. （　）饭（　）没吃。（　）fàn（　）méi chī.
3. 这个道理，（　）孩子（　）知道。Zhè ge dàolǐ,（　）háizi（　）zhīdao.
4. （　）帽子（　）丢了。（　）màozi（　）diū le.
5. （　）阿拉伯语（　）学过。（　）Ālābóyǔ（　）xuéguo.

五、例のように、前後の（　）にそれぞれ"大概"と"吧"を入れてみよう。

例：（ 大概 ）有十来个人（吧）。(Dàgài)yǒu shí láige rén(ba).

1. （　）是他（　）。（　）shì tā（　）.
2. （　）合适（　）。（　）héshì（　）.
3. （　）喜欢（　）。（　）xǐhuan（　）.
4. （　）病了（　）。（　）bìng le（　）.
5. （　）能去（　）。（　）néng qù（　）.

六、例のように、前後の（　）にそれぞれ"虽然"と"但是"を入れてみよう。

例：（ 虽然 ）好看，（但是）不好吃。(Suīrán) hǎokàn,(dànshì) bù hǎochī.

1. （　）吃了药，（　）病还没好。
   （　）chīle yào,（　）bìng hái méi hǎo.
2. （　）便宜，（　）质量不好。
   （　）piányi,（　）zhìliàng bù hǎo.
3. （　）能上网，（　）不能发电子邮件。
   （　）néng shàng wǎng,（　）bù néng fā diànzǐyóujiàn.
4. （　）没学过汉语，（　）会写汉字。
   （　）méi xuéguo Hànyǔ,（　）huì xiě Hànzì.
5. （　）休息了一天，（　）还是很疲劳。
   （　）xiūxile yī tiān,（　）háishi hěn píláo.

期末复习

第九课　旅行　计划
Dì jiǔ kè　lǚxíng jìhuà

课文

我刚刚整理好今天的课堂笔记，小王就兴冲冲地跑进来，关上门，讲起他的暑期旅行计划来。讲了一会儿，看我听不明白时，他就停了一下，画起图来，一直到我看得懂为止。他一口气讲了半个小时，听得我也很兴奋。

讲完计划，他想听听我的意见。看着画在纸上的图，我觉得好极了，就说，不是挺好吗？小王喜欢旅游，我也爱玩儿，我希望有一天能和他一起周游世界。小王打算毕业后去日本留学。我说，如果你来日本，我就给你当导游，去登富士山。一个人只要努力，梦就一定会实现。我愿小王心想事成。

解　字

語	ピンイン	品詞	意味
刚刚	gānggāng	[副]	…したばかり；やっと、ようやく
整理	zhěnglǐ	[動]	整理する
课堂	kètáng	[名]	教室
笔记	bǐjì	[名・動]	ノート（をとる）
兴冲冲	xìngchōngchōng	[形]	浮き浮きするさま、うれしそうに
地	de	[助]	ほかの語句の後に、一緒に動詞・形容詞を修飾する
跑	pǎo	[動]	走る
关	guān	[動]	閉める
门	mén	[名]	門、ドア
讲	jiǎng	[動]	話す
暑期	shǔqī	[名]	夏休みの期間
旅行	lǚxíng	[名・動]	旅行（する）
计划	jìhuà	[名・動]	計画（する）
听	tīng	[動]	聞く
明白	míngbai	[動]	わかる、理解する
时	shí	[名]	…時
停	tíng	[動]	止まる
一下	yī xià	[組]	ごくわずかな時間内の動作
画	huà	[動]	かく
图	tú	[名]	図
得	de	[助]	動詞・形容詞の後におき、補語を導く
懂	dǒng	[動]	わかる、理解する
为止	wéizhǐ	[動]	…までとする
一口气	yīkǒuqì	[副]	一気に
半个小时	bàn ge xiǎoshí	[組]	半時間
兴奋	xīngfèn	[形]	興奮する
完	wán	[動]	おわる
想	xiǎng	[助動・動]	…したい；…と思う
听听	tīngting	[動]	ちょっと聞く、聞いてみる
意见	yìjian	[名]	意見、考え
觉得	juéde	[動]	思う、感じる
极	jí	[副]	極めて
喜欢	xǐhuan	[動]	好きだ、好む、愛する
旅游	lǚyóu	[名・動]	旅行（する）
爱	ài	[動]	好きだ、好む、愛する
玩儿	wánr	[動]	遊ぶ
希望	xīwàng	[名・動]	希望（する）
有一天	yǒu yī tiān	[組]	ある日
能	néng	[助動]	…できる
周游	zhōuyóu	[動]	周遊する
世界	shìjiè	[名]	世界
打算	dǎsuan	[動]	…するつもりである
毕业	bìyè	[名・動]	卒業(する)
后	hòu	[名]	後
说	shuō	[動]	言う
如果	rúguǒ	[連]	もし…ならば
来	lái	[動]	来る；動作への積極的な姿勢を示す
当	dāng	[動]	担当する
导游	dǎoyóu	[名・動]	ガイド；案内する
登	dēng	[動]	登る
富士山	Fùshìshān	[名]	富士山
一个人	yī ge rén	[組]	一人
只要	zhǐyào	[連]	…しさえすれば
努力	nǔlì	[動]	努力する
梦	mèng	[名]	夢；理想
会	huì	[助動]	…はずだ；修得した技能のできる
实现	shíxiàn	[動]	実現する
愿	yuàn	[動]	願う、祈る
心想事成	xīnxiǎng-shìchéng	[成]	心の願いがかなえられる

说 文

一、補語の表現

1. 結果補語

   整理好今天的课堂笔记。　　　　　Zhěnglǐ hǎo jīntiān de kètángbǐjì.

   听得我也很兴奋。　　　　　　　　Tīng de wǒ yě hěn xīngfèn.

2. 程度補語

   好极了。　　　　　　　　　　　　Hǎojí le.

3. 可能補語

   看得懂。　　　　　　　　　　　　Kàn de dǒng.

   听不明白。　　　　　　　　　　　Tīng bù míngbai.

4. 趨向補語

   動詞の後に置かれる趨向動詞によって構成。

   単純趨向補語：動詞＋（来，去，上，下，进，出，回，过，起）

   複合趨向補語：動詞＋（上来，下来，进来，出来，回来，过来，起来）

   　　　　　　　　　　　（上去，下去，进去，出去，回去，过去）

   跑进来。Pǎo jìnlai.　　关上门。Guān shang mén.

   ☞ 複合趨向補語の場合、賓語はその間に挟まれるのが普通である。

   画起图来。Huàqǐ tú lái.

5. 数量補語

   （1）時間量

   讲了一会儿。　　　　　　　　　　Jiǎngle yīhuìr.

   讲了半个小时。　　　　　　　　　Jiǎngle bàn ge xiǎoshí.

   （2）動作量

   停了一下。　　　　　　　　　　　Tíngle yī xià.

6. 介賓補語

   画在纸上。　　　　　　　　　　　Huà zài zhǐ shang.

   鲁迅生于一八八一年。　　　　　　Lǔ Xùn shēngyú yībābāyī nián.

   （鲁迅は1881年生れです。）

小王来自东北。　　　　　　　　　Xiǎo Wáng láizì dōngběi.
（王君は東北から来たのです。）

二、願望を表す（"想、要、希望、准备、打算、愿、祝"などの助動詞を使う）
　　他想听听我的意见。　　　　　　Tā xiǎng tīngting wǒ de yìjian.
　　我希望有一天能和他一起周游世界。　Wǒ xīwàng yǒu yī tiān néng hé tā yīqǐ zhōuyóu shìjiè.
　　小王打算毕业后去日本留学。　　Xiǎo Wáng dǎsuan bìyè hòu qù Rìběn liúxué.
　　我愿小王心想事成。　　　　　　Wǒ yuàn Xiǎo Wáng xīnxiǎng-shìchéng.

三、感情を表す（"爱、好 hào、喜欢、恨 hèn、反感 fǎn'gǎn、讨厌 tǎoyàn、嫉妒 jídù"などの動詞・助動詞を使う）
　　小王喜欢旅游。　　　　　　　　Xiǎo Wáng xǐhuan lǚyóu.
　　我爱玩儿。　　　　　　　　　　Wǒ ài wánr.

四、考えの述べ方（"想、觉得、感到、认为 rènwéi、以为 yǐwéi"などの動詞を使う）
　　我觉得好极了。　　　　　　　　Wǒ juéde hǎojí le.

五、可能性を表す（"能、会、可以"という助動詞を使う）
　　能和他一起周游世界。　　　　　Néng hé tā yīqǐ zhōuyóu shìjiè.

六、必然性を表す（"会"という助動詞を使う）
　　梦会实现。　　　　　　　　　　Mèng huì shíxiàn.

七、動作の直後を表す（"刚（刚）……"＝…したばかり）
　　我刚刚整理好课堂笔记。　　　　Wǒ gānggāng zhěnglǐ hǎo kètángbǐjì.

八、動詞の重ね型
　　听听我的意见。　　　　　　　　Tīngting wǒ de yìjian.
　　※動詞の重ね型と動詞＋"一下"が表す意味は同じである。

九、反語で肯定を表す（不是……吗？）

不是挺好吗？　　　　　　　　　Bù shì tǐng hǎo ma?

十、複文（4）

1. 仮定関係（如果（要是）……，就……）
如果你来日本，我就给你当导游。Rúguǒ nǐ lái Rìběn, wǒ jiù gěi nǐ dāng dǎoyóu.

2. 条件関係（只要……，就……）
只要努力，梦就会实现。　　　　Zhǐyào nǔlì, mèng jiù huì shíxiàn.

广雅　古今の留学

「留学」或いは「留学生」という言葉がもっとも早くでてきたのは、今から一千数百年前の中国の唐代（618〜907）であった。それは日本と関連がある。周知のように、唐の前の隋代（581〜618）から、日本は中国に遣隋使という使者を派遣し始めるようになった。唐代に入ると、派遣の規模がいっそう大きくなった。遣唐使だけでなく、学問僧と留学生も派遣されていった。『旧唐書』巻199「日本国伝」に「貞元二十年（804年）、使を遣わせ朝に来る。留学生橘逸勢・学問僧空海なり」という記事がある。中国に留学しに行った日本人は、当時の先進国であった唐王朝から漢字文化から政治制度までたくさんのことを習って、日本社会の発展に大きく役立っていた。一方、明治維新以後、欧米の新文化を学ぶ近道として、数多くの中国人は同じ漢字を使う日本に留学しに来た。この留学の直接の成果として、中国の近代的科学体制の初歩が立てられた。いまの中国の自然科学でも人文科学でも数多くの日本語からの術語を使っているのは、そのしるしであろう。またその数多くの新しい語彙も古い漢語を豊富にさせた。さらに中国の改革開放に伴い、この十数年以来、明治維新に継いで第二次の中国人の来日留学ブームになっており、日中の文化的な互恵の新紀元を開いている。

话 本

日常会話（9）トラブル

甲：Āiyō, téngsǐ le!
　　哎哟，疼死了！　　　　　　　　（ああ、痛い！）

乙：Zhēn duìbuqǐ, jízhe gǎn lù,
　　真对不起，急着赶路，　　　　　（すみません。急いでいたもので、あなたの足を踏んでしまいました。）
　　cǎi le nín de jiǎo.
　　踩了您的脚。

甲：Nà yě bù néng wǎng rénjia de jiǎo　（道を急いでも他人の足を踏むべき
　　那也不能往人家的脚　　　　　　じゃないでしょう。）
　　shang gǎn a.
　　上赶啊。

乙：Qǐng yuánliàng, shízài shì duìbuqǐ.（たいへん申し訳有りません、お許し
　　请原谅，实在是对不起。　　　　ください。足はどうですか。）
　　jiǎo zěnmeyàng?
　　脚怎么样？

甲：Méi guānxi, bùyàojǐn, yǐhòu　（かまいません、大丈夫です。今後気
　　没关系，不要紧，以后　　　　　をつけてください。）
　　zhùyì diǎnr.
　　注意点儿。

乙：Zhēn bàoqiàn, gěi nín tiān máfan le.（ご迷惑をかけまして恐れ入ります。）
　　真抱歉，给您添麻烦了。

学而时习之

一、下記の補語表現の種類を述べてみて、さらに覚えよう。

衣服洗干净了。Yīfu xǐ gānjìng le. 　房间整理好了。Fángjiān zhěnglǐ hǎo le.
话说明白了。Huà shuō míngbai le. 　道理听懂了。Dàolǐ tīngdǒng le.
房子卖掉了。Fángzi màidiào le. 　词典买着了。Cídiǎn mǎizhao le.
真是累死我了。Zhēnshì lèisǐ wǒ le. 　他饿坏了。Tā èhuài le.
我高兴极了。Wǒ gāoxìng jí le. 　他跑得快。Tā pǎo de kuài.
她唱歌唱得好。Tā chàng gē chàng de hǎo.
妈妈做菜做得好。Māma zuò cài zuò de hǎo.
大家听得懂吗？（听不懂）Dàjiā tīng de dǒng ma? (tīng bù dǒng)
在山上看得见大海吗？（看不见）Zài shān shàng kàn de jiàn dàhǎi ma? (kàn bù jiàn)
行李拿得动吗？（拿不动）Xíngli ná de dòng ma? (ná bù dòng)
作业写得完吗？（写不完）Zuòyè xiě de wán ma? (xiě bù wán)
单词想得起来吗？（想不起来）Dāncí xiǎng de qǐlai ma? (xiǎng bù qǐlai)
妈妈寄来一封信。Māma jìlái yī fēng xìn.
我给朋友寄去了贺年卡。Wǒ gěi péngyou jìqù le hèniánkǎ.
文件存进软盘了。Wénjiàn cúnjìn ruǎnpán le.
他搬出家住了。Tā bānchū jiā zhù le.
爸爸打回一个电话。Bàba dǎhuí yī ge diànhuà.
我看过那本小说。Wǒ kànguo nà běnr xiǎoshuō.
我举起双手赞成。Wǒ jǔqǐ shuāngshǒu zànchéng.
从山下爬上来（上去）。Cóng shān xià pá shànglai. (shàngqu)
他的话没说下来（下去）。Tā de huà méi shuō xiàlai. (xiàqu)
从外面走进来（进去）。Cóng wàimian zǒu jìnlai (jìnqu)
他是徒步走回来（回去）的。Tā shì túbù zǒu huílai (huíqu) de.
老师走过来（过去）了。Lǎoshī zǒu guòlai (guòqu) le.
雨下起来了。Yǔ xià qǐlai le.
我在北京住过十三年。Wǒ zài Běijīng zhùguo shísān nián.
她等了半个小时。Tā děngle bàn ge xiǎoshí.

他听了一会儿音乐。Tā tīngle yīhuìr yīnyuè.

你来一下，好吗？Nǐ lái yī xià, hǎo ma?

单词至少要背五遍。Dāncí zhìshǎo yào bèi wǔ biàn.

朋友来自远方。Péngyou lái zì yuǎnfāng.

二、願望を表す助動詞"想、要、希望、准备、打算、愿、祝"を選んで下記の文の適当な箇所に入れて作文してみよう。（要注意：通じない場合もある）

我去中国留学。Wǒ qù Zhōngguó liúxué.

他竞选人大代表。Tā jìngxuǎn Réndà dàibiǎo.

她成为医生。Tā chéngwéi yīshēng.

大家明天出发。Dàjiā míngtiān chūfā.

人家不签合同。Rénjia bù qiān hétong.

你万事如意。Nǐ wànshìrúyì.

你一帆风顺。Nǐ yīfānfēngshùn.

三、感情を表す動詞・助動詞"爱、好、喜欢、恨、反感、讨厌、嫉妒"を選んで下記の文の（　）に入れて作文してみよう。（要注意：通じない場合もある）

我（　）你。Wǒ（　）nǐ.

他（　）喝酒。Tā（　）hē jiǔ.

你（　）交际吗？Nǐ（　）jiāojì ma?

他总是（　）别人。Tā zǒngshì（　）biéren.

四、考えを述べる動詞"想、觉得、感到、认为、以为"を選んで下記の文の（　）に入れてその表現を覚えよう。

我（　）只有他是韩国人。Wǒ（　）zhǐyǒu tā shì Hánguórén.

你（　）有没有把握？Nǐ（　）yǒu méi yǒu bǎwò.

五、可能を表す"能、可以"助動詞を（　）に入れて疑問文を作って、さらに"不能、不可以"という否定形で答えの文を作ってみよう。

你（　）去吗？Nǐ（　）qù ma?

教室（　）抽烟吗？Jiàoshì（　）chōu yān ma?

六、下記の文はすべて助動詞"会"を使っているが、どちらが必然性を表し、どちらが技能のできることを表すのか、選んでみよう。さらに否定形で答えの文を作ってみよう。

　　天会下雨吗？Tiān huì xià yǔ ma?
　　大家都会说汉语吗？Dàjiā dōu huì shuō Hànyǔ ma?
　　她会不会来？Tā huì bù huì lái?
　　你会不会开车？Nǐ huì bù huì kāi chē?

七、"刚（刚）"を下記の文の（　　）に入れて、使い方を覚えよう。

　　（　　）下过雨，空气很清新。（　　）xià guo yǔ, kōngqì hěn qīngxīn.
　　（　　）考完试，感到很轻松。（　　）kǎowán shì, gǎndào hěn qīngsōng.
　　他（　　）走。Tā（　　）zǒu.
　　比赛（　　）结束。Bǐsài（　　）jiéshù.
　　商店（　　）关门。Shāngdiàn（　　）guān mén.

八、下記の動詞を重ね型と動詞+"一下"の形に直してみよう。

　　看书 kàn shū　　　　听音乐 tīng yīnyuè　　　　念课文 niàn kèwén
　　照相 zhào xiàng　　　玩儿扑克 wánr pūke　　　打麻将 dǎ májiàng

九、"如果，就"を順番に下記の文の（　　）に入れて、仮定複文を作ってみよう。

　　（　　）学外语，（　　）学汉语。（　　）xué wàiyǔ,（　　）xué Hànyǔ.
　　（　　）下雨，（　　）不去了。（　　）xià yǔ,（　　）bù qù le.
　　（　　）失败了，（　　）继续努力。（　　）shībài le,（　　）jìxù nǔlì.

十、"只要，就"を順番に下記の文の（　　）に入れて、条件複文を作ってみよう。

　　（　　）有兴趣，（　　）能学好。（　　）yǒu xìngqù,（　　）néng xué hǎo.
　　（　　）入会，（　　）享受优待。（　　）rù huì,（　　）xiǎngshòu yōudài.
　　（　　）用数码相机，（　　）不用胶卷。
　　（　　）yòng shùmǎxiàngjī,（　　）bù yòng jiāojuǎn.
　　（　　）用信用卡付款，（　　）打七折。
　　（　　）yòng xìnyòngkǎ fùkuǎn,（　　）dǎ qī zhé.

第十课　回国之前

课文

考完试就放暑假了。我明天坐飞机回日本。傍晚，被小王叫去，一起到外面吃晚饭。然后，小王叫我去他的宿舍玩儿。我把日本家里的地址留给他了，让他给我写信。

这半年以来，小王对我帮助很大。我常常被他的热情所感动。小王说我的汉语进步很快。并告诫我，即使放假，也不要松劲。的确，跟他在一起，我的汉语说得越来越流利了，简单的日常会话，几乎没有不会的了。我一定要好好努力，宁可少玩儿，也要抓紧时间学习，使自己早日通过汉语水平考试。

解　字

回国 huí guó	[組]	帰国する	
之前 zhīqián	[組]	…の前に	
放 fàng	[動]	（休み）になる	
明天 míngtiān	[名]	明日	
坐 zuò	[動]	座る、腰掛ける；乗る	
飞机 fēijī	[名]	飛行機	
傍晚 bàngwǎn	[名]	夕方	
被 bèi	[介]	…れる、…られる	
叫 jiào	[動]	呼ぶ；…という；…せる、…させる	
外面 wàimian	[名]	外	
晚饭 wǎnfàn	[名]	夕食	
然后 ránhòu	[副]	それから	
把 bǎ	[介]	賓語を動詞の前にして、それを強調する	
家里 jiāli	[名]	家、家庭	
地址 dìzhǐ	[名]	住所	
留 liú	[動]	残る	
让 ràng	[動]	譲る；…せる、…させる	
半年 bànnián	[名]	半年	
以来 yǐlái	[名]	以来	
对 duì	[介]	…にとって	
所 suǒ	[助]	"为"か"被"と一緒に受身を表す	
感动 gǎndòng	[動]	感激する、感動する	
快 kuài	[形]	速い	

告诫 gàojiè	[動]	戒める	
即使 jíshǐ	[連]	たとえ…としても	
不要 bù yào	[組]	…してはいけない	
松劲 sōngjìn	[動]	力を緩める	
的确 díquè	[副]	確かに	
跟 gēn	[介]	と	
越……越 yuè, yuè	[組]	…すればするほど…	
流利 liúlì	[形]	流暢	
简单 jiǎndān	[形]	簡単に	
日常会话 rìchánghuìhuà	[名]	日常会話	
几乎 jīhū	[副]	ほとんど	
要 yào	[助動]	…しなければならない	
好好 hǎohāor	[副]	よく、十分に	
宁可 nìngkě	[連]	むしろ、いっそ	
少 shǎo	[形]	少ない	
抓紧 zhuājǐn	[動]	しっかりつかむ	
时间 shíjiān	[名]	時間	
使 shǐ	[動]	使う；…せる、…させる	
早日 zǎorì	[副]	一日も早く	
通过 tōngguò	[動]	通過する	
汉语水平考试 Hànyǔshuǐpíngkǎoshì	[名]	中国の国家レベルの中国語検定試験	

说　文

一、受身文（被、让、叫）

　　我被小王叫去。　　　　　　　　　　Wǒ bèi Xiǎo Wáng jiào qù.

　　常常被他的热情所感动。　　　　　　Chángcháng bèi tā de rèqíng suǒ gǎndòng.

二、使役文（让、叫、使）

　　小王叫我去他的宿舍玩儿。　　　　　Xiǎo Wáng jiào wǒ qù tā de sùshè wánr.

　　使自己早日通过汉语水平考试。　　　Shǐ zìjǐ zǎorì tōngguò Hànyǔshuǐpíngkǎoshì.

　　让他给我写信。　　　　　　　　　　Ràng tā gěi wǒ xiě xìn.

三、"把"の構文　賓語が動詞の前に置かれる

　　我把日本家里的地址留给他了。　　　Wǒ bǎ Rìběn jiāli de dìzhǐ liú gěi tā le.

四、"就"の構文　自然に発生することの前後に接続

　　考完试就放暑假了。　　　　　　　　Kǎowán shì jiù fàng shǔjià le.

五、"然后"の構文　動作を順番に述べる

　　一起到外面吃晚饭。然后，小王叫我去他宿舍玩儿。
　　Yīqǐ dào wàimian chī wǎnfàn. Ránhòu, Xiǎo Wáng jiào wǒ qù tā de sùshè wánr.

六、介詞の"对"と"跟"

　　小王对我帮助很大。　　　　　　　　Xiǎo Wáng duì wǒ bāngzhù hěn dà.

　　跟他在一起。　　　　　　　　　　　Gēn tā zài yīqǐ.

七、副詞の連続"越……越……"

　　我的汉语说得越来越流利了。　　　　Wǒ de Hànyǔ shuō de yuè lái yuè liúlì le.

　　※"越……越……"という慣用文型には二つのパターンがある。つまり"越来越＋形容詞"と"越＋動詞＋越＋形容詞"である。

　　例：我的汉语越说越流利。　　　　　Wǒ de Hànyǔ yuè shuō yuè liúlì.

　　　　　　　　　　　　　　　　　　　（僕の中国語は話せば話すほど流暢になります。）

回国之前

八、形容詞の重ね型

  好好努力。   Hǎohāor nǔlì.

  ※ 二文字の形容詞の重ね型は語句AABB型が主となるが、ABAB型ほとんどは動詞になっていった。たとえば、"高兴"はAABB型が"高高兴兴"（楽しそう）という形で、相変わらず形容詞であるが、"高兴高兴"とすれば、「ちょっと楽しくする」という意味になってしまった。

九、禁止の表現　（不要、别、不许）

  不要松劲。   Bù yào sōngjìn.

十、意志の表現（要、必须、得děi）

  一定要好好努力。   Yīdìng yào hǎohāor nǔlì.
  要抓紧时间学习。   Yào zhuājǐn shíjiān xuéxí.

十一、二重否定で肯定を強調する

  没有不会的。   Méi yǒu bù huì de.

十二、複文（5）

  讓步取捨関係（宁可……，也……；即使……，也……；哪怕……，也……；就是……，也……）

    宁可少玩儿，也要抓紧时间学习。 Nìngkě shǎo wánr, yě yào zhuājǐn shíjiān xuéxí.

    即使放假，也不要松劲。   Jíshǐ fàng jià, yě bù yào sōngjìn.

广 雅　中国語の辞書と検索法

　周知のように、語学の勉強は辞書と離れられない。特に一定の段階に達してきたところで、さらに辞書の必要性を感じられるであろう。辞書からは文字と語彙の意味を調べられるのみならず、その文字と語彙の使い方も付してある例文によって分かる。それゆえ、辞書を通して、語学の勉強を行うのは、一つの近道だといえる。中国語の辞書については、日中両国の学者が数多くの辞書を編纂した。中国では、大辞書として、『漢語大詞典』と『漢語大字典』がある。中辞書として、『辞海』と『辞源』がある。中小の間に介するものには中国社会科学院語言研究所が編纂した『現代漢語詞典』がある。ポケット版としては中国人が愛用する『新華字典』がある。日本ではいままで最も大きなものは大東文化大学が編纂した二冊本『中国語大辞典』がある。その次は愛知大学が編纂した「中日大辞典」がある。数年前に出版された『講談社中日辞典』もよいものであるが、小学館の『中日辞典』と『日中辞典』は数年前に電子統合版がでてきた。電子ブック或いはChinese Writer を導入したパソコンで検索でき、非常に便利なのである。白帝社の『標準中国語辞典』は最も初級から中級レベルの方々に適用すると思われる。中国語辞書の検索法について、昔は、部首検索法と音韻検索法があったが、20世紀前半から四角号碼検索法がでてきた。いま日中両国の中国語の辞典はほとんど漢語拼音検索法を中心にして、併せて部首検索法を用いる。

话 本

日常会話（10）レストランにて

甲：Xiānsheng, nín jǐ wèi?
先生，您几位？
（何名様ですか。）

乙：Jiù wǒmen liǎng ge.
就我们两个。
（二人だけですが。）

甲：Qǐng zhèibiān zuò, xiǎng chī diǎnr shénme?
请这边坐，想吃点儿什么？
（どうぞ、こちらへ。なにを召し上がりますか。）

乙：Mùxiròu, tángcùyú, làzǐjīdīng, zài lái yī ge shíjǐnpīnpánr.
木樨肉，糖醋鱼，辣子鸡丁，再来一个什锦拼盘。
（モーシュー一つ、トウスーイー一つ、ラズジテン一つ、さらに前菜一つです。）

甲：Hē de ne?
喝的呢？
（飲み物は？）

乙：Xiān lái liǎng píng Qīngdǎopíjiǔ.
先来两瓶青岛啤酒。
（とりあえず青島ビール二瓶をください。）

....

丙：Zhù nǐ lǚxíng yúkuài!
祝你旅行愉快！
（楽しいご旅行を祈ります。）

乙：Zhù nǐ yīlù píng'ān!
祝你一路平安！
（道中ご無事で。）

丙：Wèi wǒmen de yǒuyí gānbēi!
为我们的友谊干杯！
（私たちの友情のために、乾杯！）

乙：Gānbēi!
干杯！
（乾杯！）

学而时习之

一、例のように、下記の文を受身文に直してみよう。

例：老师批评他了。Lǎoshī pīpíng tā le.
→ 他被（叫；让）老师批评了。Tā bèi (jiào, ràng) lǎoshī pīpíng le.

1. 弟弟弄坏了我的电脑。Dìdi nòng huài le wǒ de diànnǎo. →
2. 小偷偷去了我的钱包。Xiǎotōu tōu qù le wǒ de qiánbāo. →
3. 你说服他了吗？Nǐ shuōfú tā le ma? →

二、下記の文の（　）に"叫；让；使"を入れて使役文を作ってみよう。
（要注意：使役動詞によって、通じない場合もある）

1. 领导（　）秘书写报告。Lǐngdǎo (　) mìshū xiě bàogào.
2. 大夫（　）病人躺下。Dàifu (　) bìngrén tǎngxia.
3. 喜讯（　）人们很兴奋。Xǐxùn (　) rénmen hěn xīngfèn.
4. 老师（　）学生练习会话。Lǎoshī (　) xuésheng liànxí huìhuà.

三、例のように、下記の文を"把"の文に直してみよう。

例：他吃了饭。Tā chīle fàn.　→　他把饭吃了。Tā bǎ fàn chī le.

1. 摩托车撞坏了自行车。Mótuōchē zhuàng huài le zìxíngchē. →
2. 我忘记了开会这件事。Wǒ wàngjì le kāi huì zhè jiàn shì. →
3. 他放大了电视的音量。Tā fàngdà le diànshì de yīnliàng. →
4. 姐姐收拾干净了房间。Jiějie shōushi gānjìng le fángjiān. →
5. 信封贴上邮票。Xìnfēng tiēshang yóupiào.

四、下記の文の（　）に"就"を入れて文を作ってみよう。

1. 睡了一觉，天（　）亮了。Shuìle yī jiào, tiān (　) liàng le.
2. 喝点酒，（　）困了。Hē diǎnr jiǔ, (　) kùn le.
3. 为一点小事，（　）生气。Wèi yī diǎnr xiǎo shì, (　) shēngqì.

回国之前

五、下記の文の（　　）に"**然后**"を入れて文を作ってみよう。

1. 先洗手，(　　) 吃饭。Xiān xǐ shǒu, (　　) chī fàn.

2. 先研究，(　　) 下结论。Xiān yánjiū, (　　) xià jiélùn.

六、介詞"**对**"と"**跟**"を選んで適当に下記の文の（　　）に入れてみよう。

1. 这件事 (　　) 我很重要。Zhè jiàn shì (　　) wǒ hěn zhòngyào.

2. 这件事 (　　) 我有关。Zhè jiàn shì (　　) wǒ yǒuguān.

七、下記の文の（　　）に"**越来越**"を入れて文を作ってみよう。

1. 天 (　　) 冷了。Tiān (　　) lěng le.

2. 雨 (　　) 大了。Yǔ (　　) dà le.

3. 小姑娘变得 (　　) 好看了。Xiǎo gūniang biàn de (　　) hǎokàn le.

4. 节目 (　　) 精彩了。Jiémù (　　) jīngcǎi le.

八、下記の語句の形容詞を重ね型に直してみよう。

慢走 màn zǒu　　轻来 qīng lái　　细品 xì pǐn　　饱吃 bǎo chī　　静听 jìng tīng

客气 kèqi　　整齐 zhěngqí　　认真 rènzhēn　　清楚 qīngchu　　漂亮 piàoliang

九、下記の語句の前に"**不要、别、不许**"を入れて禁止の表現文を作ってみよう。

来 lái　　去 qù　　看 kàn　　抽烟 chōu yān　　喝酒 hē jiǔ

十、下記の文の（　　）に"**要，必须，得**"を入れて意志の表現文を作ってみよう。

1. 我 (　　) 上厕所。Wǒ (　　) shàng cèsuǒ.

2. 学生 (　　) 好好学习。Xuésheng (　　) hǎohāor xuéxí.

3. 干部 (　　) 以身做则。Gànbù (　　) yǐshēnzuòzé.

十一、下記の文の（　　）に"**没有，不会，不能**"を選んで適当に入れて二重否定の表現文を作ってみよう。

1. (　　) 谁不反对。(　　) shéi bù fǎnduì.

2. (　　) 不认识他的。(　　) bù rènshi tā de.

3. 你 (　　) 不知道。Nǐ (　　) bù zhīdao.

4. 我（　）不去。Wǒ (　) bù qù.

十二、下記の文の前後（　　）にそれぞれ"宁可，也；即使，也；哪怕，也；就是，也"を入れて讓步取捨複文を作ってみよう。

1. 我（　）不赚钱,（　）不做黑心商人。
   Wǒ (　) bù zhuàn qián, (　) bù zuò hēi xīn shāngrén.

2. 他（　）再复习一年,（　）要考研究生。
   Tā (　) zài fùxí yī nián, (　) yào kǎo yánjiūshēng.

3. 家里（　）苦点儿,（　）要让孩子上大学。
   Jiāli (　) kǔ diǎnr, (　) yào ràng háizi shàng dàxué.

付録篇

中国語品詞分類表

大分類	中分類	小分類	例語
実詞	名詞	一般名詞	笔，经验，日语，
		時間詞	春天，两点，星期天
		方位詞	东，前，左，中间
	代詞	人称	我，你，咱们，大家
		指示	这，那，这儿，那里
		様態	这么，那样
		疑問	谁，几，什么，哪儿
	動詞	動作・行為	看，告诉，要求
		心理	爱，喜欢，觉得，希望
		存在・変化	有，在，发生，结束
		判断	是
		方向	上，起，出，下来
	助動詞	願望	想，愿意，应该
		可能	能，会，可以
	形容詞	一般形容詞	白，多，复杂，精彩
		複合形容詞	飞快，年轻，满意
	数詞	基数詞	零，一，二，两，半
		位数詞	十，百，千，万，亿
		序数詞	第一，初五，老二
	量詞	名量詞	个，张，双，对，斤，尺
		借用名量詞	杯，盘，头，尾，口
		動量詞	次，回，遍，顿，下儿
		借用動量詞	眼，笔，枪
		不定量詞	些，堆，群，点儿
虚詞	副詞	程度	很，最，极，相当，比较
		語気	多么，简直
		時間	正，在，刚，马上，已经
		範囲	都，一起，
		否定	不，没有，别
		頻度	也，还，再，又，常常
		状況	永远，渐渐，忽然，互相
	介詞		和，从，到，在，比，把，被，让
	連詞		和，跟，就，或者，因为
	助詞	構造助詞	的，地，得
		動態助詞	了，着，过
		語気助詞	吗，吧，呢，啊
	感嘆詞		啊，哎，咳，喂，嗯
	擬声詞		哈哈，哗哗，汪汪，萧萧
	接詞	接頭詞	第，老
		接尾詞	子，头，边，面，们，性，化

中国語常用量詞表

	量詞	意味・用例
名量詞	把1 bǎ	取っ手つき・ひとつかみ・束になったもの。一把椅子；一把花生
	杯 bēi	杯などにいれる液体。一杯酒
	本 běn	書物・ノート類。 両本书
	笔 bǐ	金銭関係のもの。一笔存款
	层 céng	積み重ねるもの。四十层楼
	场 chǎng	演じることの一区切り。一场电影
	道 dào	境界関係か書類関係。一道数学题
	点 diǎn	見解や少量のもの。两点理由；一点线索
	段 duàn	事物の一部分。这段路；一段历史；两段话
	顿 dùn	食事関係。三顿饭
	封 fēng	手紙などの封じたもの。一封信
	个 gè	専用量詞をもたないもの、あってもその代替。三个人；两个工厂
	根 gēn	細長いもの。一根头发
	家 jiā	家族およびその意味による派生。一家公司
	间 jiān	部屋などのもの。一间办公室
	件 jiàn	物・事・衣類など。一件工艺品；两件事；三件衣服
	节 jié	竹の節により派生する意味。两节电池；三节课
	句 jù	話・文章の区切り。几句话
	棵 kē	植物。一棵树；一棵小草
	口 kǒu	口関係のもの。一口饭；三口人；两口猪；一口锅
	块 kuài	塊のもの。一块豆腐
	辆 liàng	車両など。一辆自行车
	门 mén	門により派生する意味。親族・学問など。また砲・電話など。一门技术
	匹 pǐ	馬など。三匹马
	篇 piān	文章・話など。一篇作文
	片 piàn	平たく薄いものか範囲の広いもの。一片药；一片森林
	瓶 píng	瓶に詰めたもの。一瓶酒
	声 shēng	声・音。一声雷
	双 shuāng	二つで一組になっているもの。一双鞋
	台 tái	機械類や演芸。两台电脑；一台戏
	条 tiáo	細長いもの。一条河；两条鱼
	头 tóu	動物など。一头牛
	位 wèi	人に対する丁寧な言い方。几位客人
	张 zhāng	平たい表面をもつものなど。一张扑克牌；一张床
	只 zhī	動物など或いは対の片方。一只猫；两只手
	支 zhī	棒状のもの。一支烟
	种 zhǒng	事物の種類。一种说法
	座 zuò	大きくて固定したもの。一座山
動量詞	把2 bǎ	手に関係ある動作。洗一把脸
	遍 biàn	動作の回数。念一遍课文
	次 cì	動作の回数。喝一次酒
	回 huí	動作の回数。去过一回
	口 kǒu	口の動作の回数。一口拒绝
	声 shēng	声・音の回数。咳嗽了一声
	下 xià	動作の回数。敲一下门

※量詞の使い方は非常に複雑なので、この表の説明は、その量詞の主な意味だけである。なお、名量詞と動量詞の境界も文によって一定ではない。

中国語常用標点符号表

標点名	記号	用法	例文
句号	。	平叙文の文末につける。	西安是古代的长安。 (西安は昔の長安であった。)
逗号	，	一つの文の中でのポーズ。次のような状況に使う。 ①文内の主語と謂語の間にポーズをとるべき場合。 ②述語と賓語の間にポーズをとるべき場合。 ③文内の状語の後にポーズをとるべき場合。 ④複文内の単文と単文の間につける。	① 现在的中国版图，大体上是在18世纪中叶以后形成的。 (現在の中国の版図はだいたい18世紀中期以後形成されたのである。) ② 可以说，历史是今天的镜子。 (歴史は今日の鏡だといえる。) ③ 对我说，这并不是件坏事。 (私にとって、これは悪い事ではない。) ④ 不但质量好，而且价钱便宜。 (質が良いだけでなく、値段も安い。)
問号	？	①疑問文の文末につける。 ②反語の文末につける。	① 兵马俑是用泥做的吗？ (兵馬俑は泥でつくったのですか。) ② 你连他都不认识吗？ (あなたは彼さえ知らないのですか。)
感嘆号	！	①感嘆文の文末につける。 ②語気の強い命令文の文末につける。 ③語気の強い反語の文末につける。	① 为考进北大而奋斗！ (北大生になるために、奮闘せよ。) ② 立正！ (きをつけ！) ③ 谁不知道他呀！ (誰もかれを知らないじゃないの！)
頓号	、	文の中での並列関係のある語彙と語彙の間につける。	亚洲、非洲、欧洲和美洲，到处都有中国人。 (アジア・アフリカ・ヨーロッパ及び南北アメリカは、あちらこちらに中国人がいる。)
冒号	：	次の文を引き出すべきところに使う。 ①呼称の後。 ②"说、想、问、证明、宣布、指出、透露、例如、如下"などの語彙の後。 ③概括的文の後、具体的な項目を並べる前。 ④ 説明する必要がある語彙の後。	① 同学们：现在开始上课…… (皆さん、いまから授業を始めましょう。) ② 他回答说："我去。"(彼が、私は行くと答えた。) ③ 学外语有五个目标：能听、能说、能读、能写、能译。 (外国語の勉強について、聞いてわかる、話せる、読める、書ける、翻訳できる、という五つの目標がある。) ④ 会议通知 时间：十月八日上午八时。 地点：三楼小会议室 (会議のお知らせ 日時 10月8日午前8時 場所 3階小会議室)
引号 (双引号) (単引号)	" " ' '	①文の中に直接引用するもの。 ②特定の呼称或いは重点的に論ずるもの。 ③否定的意味を表す場合。 ④引用文の中で引用文を入れる場合、単引号を使う。	① "慎独"这句古训，今天也不应该忘记。 (『独りを慎む』という古訓は、今日でも忘れるべきではない。) ② "下海"就是经商。 (「下海」とは、商売をすることを指す。) ③ 所谓的"大师"，往往是自封的。 (いわゆる「大師」とは、往々にして自認しだがるものである。) ④ 他问："人们说的'打的'是什么意思？" (彼は、みんなが言う「打的」とはどういう意味ですか、と聞いた。)
省略号	……	語句の省略を示す場合。	黄瓜、西红柿、胡萝卜、青椒……各种蔬菜我都喜欢。 (私はキュウリ、トマト、ニンジン、ピーマンなどのいろいろな野菜が好きです。)
書名号	《 》 〈 〉	書名・新聞名・雑誌名・文章名などのものを示す場合。書名号の中にまた書名号を使うとき、単書名号を用いる。	我发表过论文《〈鹤林玉露〉版本考》。 (私は『〈鶴林玉露〉版本考』という論文を発表したことがある。)
括号	( )	文章の中で注釈的な部分を示す場合。	唐代（618－907）是历史上对外开放的时代。 (唐代(618～907)は史上対外に開放的な時代であった。)

※本表は中華人民共和国国家標準『標点符号用法』を参照して作成。

語彙表

説明：
1. 意味説明はその語彙の最も主要な意味或いは本教科書の本文と例文の意味を中心とする。
2. 品詞の分類を表す略語は品詞略称一覧表を参照。
3. 訳語の後の数字は本書の主な掲載課数である。
4. 本語彙表は原則としてABC順と声調順に配列するが、同じ文字を一括配列するなどの場合もある。

A

啊 a	[嘆]	ああ	1
阿姨 āyí	[名]	おばさん	1
阿拉伯语 Ālābóyǔ	[名]	アラビア語	8
哎哟 āiyō	[嘆]	ああ、びっくりしたり、苦しかったりするときに発する言葉	9
癌症 áizhèng	[名]	ガン	2
矮 ǎi	[形]	低い、（背が）低い	7
爱 ài	[動]	愛する、好む	1,9
爱人 àirén	[名]	夫または妻、配偶者	6
傲 ào	[形]	傲慢；傲然	1

B

八 bā	[数]	八。大文字は「捌」	2
把 bǎ	[量・介]	脚；賓語を動詞の前に置き、それを強調する	6,10
把握 bǎwò	[名]	自信、成功の可能性	9
爸爸 bàba	[名]	おとうさん	1,4,9
吧 ba	[助]	…しましょう；…でしょう	3,4
白 bái	[形]	白い	3
白宫 Báigōng	[名]	ホワイトハウス	2
白酒 báijiǔ	[名]	中国の蒸留酒	4
白领 báilǐng	[名]	ホワイトカラー	2
白天 báitiān	[名]	昼間	6,7,8
百 bǎi	[数]	百	7
搬 bān	[動]	運ぶ；移す	9
办 bàn	[動]	する；やる；処理する	4,5
办法 bànfǎ	[名]	方法	6
办公室 bàngōngshì	[名]	事務室	3
半个小时 bàn ge xiǎoshí	[組]	半時間	9
半年 bànnián	[名]	半年	10
半夜 bànyè	[名]	深夜	8
帮助 bāngzhù	[動]	援助、手伝う、助け合う	2,5,6
傍晚 bàngwǎn	[名]	夕方	8,10
饱 bǎo	[形]	満腹している	7,10
报告 bàogào	[名・動]	報告（する）	10
报纸 bàozhǐ	[名]	新聞	5
抱歉 bàoqiàn	[動]	恐縮に思う	9
杯子 bēizi	[名]	コップ、湯飲み、杯	4
北 běi	[方]	北	3
北大 Běidà	[名]	北京大学の略称	5
北方 běifāng	[方]	北（の方）	7
北京 Běijīng	[名]	北京	4,7,8,9
北京大学 Běijīngdàxué	[名]	北京大学	5

背 bèi	[動] 暗誦する	9
被 bèi	[介] …れる、…られる	10
本 běnr	[名・量] ノート；冊	2,6,9
笔 bǐ	[名] 筆；筆記具	1
笔记 bǐjì	[名・動] 筆記(する)、メモ(をとる)	9
笔记本 bǐjìběn	[名] ノートブック	3
彼此彼此 bǐcǐ bǐcǐ	[組] お互いさま、こちらこそ	4
比 bǐ	[介] …より、…に比べて	7
比较 bǐjiào	[動・副] 比較する、比べる；比較的に、わりに	7
比赛 bǐsài	[名・動] 試合(する)	4,8,9
必须 bìxū	[副] 必ず…しなければならない	1
毕业 bìyè	[名・動] 卒業(する)	2,8,9
边 biān	[方] …の方	3
编 biān	[動] 編集する、作る	5
辨 biàn	[動] 見分ける	4
遍 biàn	[量] 回	7,9
变 biàn	[動] 変わる、変化する	10
变化 biànhuà	[名・動] 変化(する)	6
标签 biāoqiān	[名] ラベル	2
别 bié	[副] (禁止を表す)…するな	3
别客气 bié kèqi	[組] ご遠慮なさらないでください	3
别人 biéren	[代] 他人	3,5,9
兵 bīng	[名] 兵士、兵隊	8
病 bìng	[名・動] 病気(になる)	6,7,8
病人 bìngrén	[名] 病人、患者	4,10
并 bìng	[副] 決して、べつに	7
伯伯 bóbo	[名] 父親の兄、(父と同年輩の男性に対する呼びかけ)おじさん	1,4
不 bù	[副] …しない、…でない	1,4
不但 búdàn	[連] …だけでなく	7
不对 bú duì	[組] まちがっている	2
不敢当 bù gǎn dāng	[組] おそれいります、とんでもない	1
不过 búguò	[連] でも、けれども	8
不客气 bú kèqi	[組] どういたしまして；どうぞおかまいなく	2,5
不去 bú qù	[組] 行かない	2
不如 bùrú	[動] …に及ばない	1
不少 bùshǎo	[形] 少なくない、多い	8
不是 bú shì	[組] …ではない	2,5
不太 bútài	[副] あまり…ではない	2
不行 bùxíng	[形] いけない、だめだ	1
不要 bú yào	[組] …してはいけない	2,10
不要紧 bú yàojǐn	[組] かまわない、大丈夫だ	6,9
不在 bú zài	[組] いない、不在である	2
布 bù	[名] 布	1
部 bù	[量] 書籍・映画フィルムなどを数える	8

C

擦 cā	[動] 拭く	1
踩 cǎi	[動] 踏む	9
菜 cài	[名] 野菜；料理	9
菜馆 càiguǎn	[名] レストラン	5
参观 cānguān	[名・動] 見学(する)	2
参加 cānjiā	[名・動] 参加(する)	4,8,9
操场 cāochǎng	[名] グラウンド	5,6

侧 cè	[方] …側、…方	3
侧面 cèmiàn	[方] 側面、横	3
厕所 cèsuǒ	[名] 便所、トイレ	10
曾经 céngjīng	[副] かつて、以前	8
茶 chá	[名] お茶	1
茶壶 cháhú	[名] 急須、ティーポット	2
查 chá	[動] 捜す、調べる	1,6
差五分三点 chà wǔfēn sāndiǎn [組] 三時五分前		8
常 cháng	[副] 常に	3
常常 chángcháng	[副] 常に	7
常用 chángyòng	[形] 常用	6
长 cháng	[形] 長い	4,7
长城 Chángchéng	[名] 万里の長城	2
长江 Chángjiāng	[名] 長江	4
长途 chángtú	[名] 長距離	7
唱 chàng	[動] 歌う	4,9
唱歌 chàng gē	[組] 歌を歌う	4,9
朝鲜语 Cháoxiǎnyǔ	[名] 朝鮮語	3
车 chē	[名] 車	1,5
车站 chēzhàn	[名] 駅、停留所	6
辰次 Chéncì	[名] 本書に登場する日本人留学生の名前	4
衬衫 chènshān	[名] ワイシャツ	3
成绩 chéngjì	[名] 成績	7,8
成为 chéngwéi	[動] …になる、…となる	9
程序 chéngxù	[名] 手順、プログラム	5
乘凉 chéng liáng	[組] 涼む、涼をとる	7
吃 chī	[動] 食べる	1,3,4,7,8,10
吃饭 chī fàn	[組] 食事をする	1,4,8
迟到 chídào	[名・動] 遅刻(する)	3
尺 chǐ	[量・名] 尺;定規	6
重庆 Chóngqìng	[名] 重慶	7
抽烟 chōu yān	[組] たばこを吸う	3,9,10
出 chū	[動] 出る	7,9
出发 chūfā	[名・動] 出発(する)	1,9
出国 chū guó	[組] 出国(する)、外国へ行く	6
出来 chū lái	[組] 出てくる	9
出去 chū qù	[組] 出て行く	9
出现 chūxiàn	[動] 出現する、現れる	4
除了 chúle	[介] …を除いて	4
船 chuán	[名] 船	7
传真 chuánzhēn	[名] ファックシミリ	8
窗户 chuānghu	[名] 窓	8
床 chuáng	[名] ベッド	6
词 cí	[名] 語	1
词典 cídiǎn	[名] 辞典	3,4,6,9
次 cì	[量] 回	9
磁带 cídài	[名] 録音テープ、ビデオ・テープ	2,4
从 cóng	[介] …から	4,6,9
村 cūn	[名] 村	4
存 cún	[動] 保存する、蓄える	9
寸 cùn	[量] 寸	6
错 cuò	[形] まちがっている	4

D

打 dǎ	[動] 打つ;(電話を)かける	1,5,8,9
打的 dǎ dí	[組] タクシーを呼ぶ	7
打扰 dǎrǎo	[動] 邪魔する	3
打扫 dǎsǎo	[動] 掃除する	2
打算 dǎsuan	[助動] …するつもりである	9
打字 dǎ zì	[組] タイプライターを打つ	8
大 dà	[形] 大きい	4,5,7,10
大方 dàfang	[形] おっとりしている	5

大概 dàgài	[副] たぶん		6,8
大海 dàhǎi	[名] 海		9
大后年 dàhòunián	[名] 明々後年		4
大后天 dàhòutiān	[名] しあさって		4
大家 dàjiā	[代] みんな		3,5,9
大街 dàjiē	[名] 大通り		7
大前年 dàqiánnián	[名] さきおととし		4
大前天 dàqiántiān	[名] さきおととい		4
大声 dàshēng	[名] 大声		2,3
大写 dàxiě	[名] 大文字		2
大学 dàxué	[名] 大学		3,4,6,8,10
大夫 dàifu	[名] 医者		4,6,10
代表 dàibiǎo	[名・動] 代表(する)		4,9
单词 dāncí	[名] 単語		9
石 dàn	[量] (容積の単位)こく、10斗		6
但是 dànshì	[連] しかし、けれども		8
当 dāng	[介・動] …に、…で、…を前に；担当する		8,9
倒爷 dǎoyé	[名] 投機商		2
导游 dǎoyóu	[名・動] 観光旅行の案内(をする)		9
到 dào	[動・介] 到る；…まで		4,5,7
到站 dào zhàn	[組] 駅或いは停留場につく		8
道理 dàoli	[名] 道理、理由		8,9
的 de	[助] の		2,3,4
得 de	[助] 動詞・形容詞の後におき、補語を導く		3,9
地 de	[助] ほかの語句の後につき、動詞・形容詞を修飾する		3,9
德国 Déguó	[名] ドイツ		7
德语 Déyǔ	[名] ドイツ語		3
得 děi	[助動] …しなければならない		10
灯 dēng	[名] 電灯、ともしび、明かり		8
登 dēng	[動] 登る		9
等 děng	[動] 待つ		9
低 dī	[形] 低い		7
的 dí	[名] "的士 díshì"(タクシー)の略		7
的确 díquè	[副] 確かに		10
底下 dǐxia	[方] 下のほう		3
第 dì	[頭] 第…、…番目		3
弟弟 dìdi	[名] 弟		1,4,10
地方 dìfang	[名] 場所、ところ		5,7
地址 dìzhǐ	[名] 住所		4,10
点 diǎn	[量・名] (時間の単位)時；小数点		4,5
点儿 diǎnr	[量] 少量のものを表す		3,6,7,10
电冰箱 diànbīngxiāng	[名] 冷蔵庫		6
电灯 diàndēng	[名] 電灯		2
电风扇 diànfēngshàn	[名] 扇風機		6
电话 diànhuà	[名] 電話		5,8,9
电脑 diànnǎo	[名] コンピューター、パソコン		2,4,6,10
电视 diànshì	[名] テレビ		2,4,6,7,8,10
电视连续剧 diànshìliánxùjù	[名] 連続テレビドラマ		8
电梯 diàntī	[名] エレベーター		4
电影 diànyǐng	[名] 映画		4,8
电影票 diànyǐngpiào	[名] 映画館の入場券		4
电子邮件 diànzǐyóujiàn	[名] 電子メール		5,8
掉 diào	[動] 落ちる；(自動詞の		

	後につけて)離脱を表す	9
丢 diū	[動] 紛失する、失う	8
顶上 dǐngshang	[方] 上のほう	3
订货 dìng huò	[組] 発注する	2
东 dōng	[方] 東の方	3
东北人 dōngběirén	[名] 東北人	5
东边 dōngbian	[方] 東の方	5
东京 Dōngjīng	[名] 東京	7
东西 dōngxi	[名] 物、物品	2,4,7
懂 dǒng	[動] わかる、理解する	9
动 dòng	[動] 動く、(物を)動かす	9
都 dōu	[副] すべて、みな	2,4,9
斗 dǒu	[量] (容積の単位)斗	6
读 dú	[動] 読む	1,3
堵车 dǔ chē	[組] 渋滞する	2
毒品 dúpǐn	[名] 麻薬類	2
肚子 dùzi	[名] おなか	7
短 duǎn	[形] 短い	7
堆 duī	[量] 山盛りにしたもの、または群れをなした人を数える	3,7
对 duì	[形・介] 正しい、そのとおりだ；…にとって	1,4,5,10
对不起 duìbuqǐ	[組] 申し訳ない、すみません	3,7,9
对了 duì le	[組] そうだ	4
对面 duìmiàn	[方] 真向かい	3,5,8
吨 dūn	[量] (重さの単位)トン	6
多 duō	[形・副] 多い；どれくらい	4,7,8
多少 duōshao	[代] いくら、どれだけ	4,7
多少钱 duōshao qián	[組] いくらですか	7

E

鹅 é	[名] ガチョウ	1
俄 É	[名] ロシアの略称	1
俄语 Éyǔ	[名] ロシア語	3
额 é	[名] 額[ひたい]；額[がく]；数量	1
恶 ě	[動] 吐き気を催す、むかつく	1
饿 è	[形] ひもじい	1,7,9
儿 ér	[名] 息子	2
儿子 érzi	[名] 息子	6
而 ér	[連] しかして	2,3
而且 érqiě	[連] かつ、そのうえ	7
耳 ěr	[名] 耳	2
饵 ěr	[名] 餌	2
二 èr	[数] 二。大文字は「贰」	
二百五(十) èr bǎi wǔ(shí)	[数] 二百五十	7
二〇〇二年 èrlíngling'èrnián	[名] 2002年	4
二千二(百) èr qiān èr(bǎi)	[数] 二千二百	7
二千零十 èr qiān líng shí	[数] 二千十	7
二千零一 èr qiān líng yī	[数] 二千一	7

F

发 fā	[動] 発送する、出す	5,8
发烧 fā shāo	[組] 熱を出す	6
发生 fāshēng	[動] 発生する、起こる	9
法国 Fǎguó	[名] フランス	7
法郎 fǎláng	[名] (フランスやスイスなどの貨幣単位)フラン	7

語彙表

法语	Fǎyǔ	[名]フランス語	3,7
翻译	fānyì	[動・名]翻訳する；通訳する；通訳	3,4
反对	fǎnduì	[名・動]反対(する)	1,4,5,10
反感	fǎn'gǎn	[形]反感	9
饭	fàn	[名]ご飯；食事	1,4,7,8
饭店	fàndiàn	[名]レストラン；ホテル	6
方	fāng	[方]…方	3
方便面	fāngbiànmiàn	[名]即席ラーメン	8
方便筷子	fāngbiànkuàizi	[名]割り箸	4
方形	fāngxíng	[名]方形	5
房间	fángjiān	[名]部屋	5,6,8,9,10
房子	fángzi	[名]家屋	9
放	fàng	[動]置く、入れる；(休み)になる	4,6,10
放大	fàngdà	[動]大きくする	10
非常	fēicháng	[副]非常に、きわめて、たいへん	3,7
飞机	fēijī	[名]飛行機	2,7,8,10
分	fēn	[量](時間と貨幣の単位)分	7,8
分钟	fēnzhōng	[量](時間の単位)分	8
粉笔	fěnbǐ	[名]チョーク	2
风	fēng	[名]風	7
风险	fēngxiǎn	[名]リスク	2
封	fēng	[量]通	9
服务	fúwù	[動]奉仕する、サービスする	1
服务员	fúwùyuán	[名]ウェーター、ウェートレス	4
复习	fùxí	[動・名]復習(する)	1,4,5,8,10
复杂	fùzá	[形]複雑⇔简单 jiǎndān	7
负责	fùzé	[動]責任を負う	1
富士山	Fùshìshān	[名]富士山	9
付款	fù kuǎn	[組](金)を支払う	9
附近	fùjìn	[名]附近、近所	5

G

该	gāi	[助動]…すべきだ；…はずである	3
干	gàn	[動](仕事などを)する、やる	4,5
干杯	gān bēi	[組]杯をほす、乾杯する	10
干净	gānjìng	[形]きれいである、清潔である	7,9,10
干部	gànbù	[名]幹部	10
感到	gǎndào	[動]感じる	7,9
感动	gǎndòng	[動]感激する、感動する	10
感冒	gǎnmào	[動・名]風邪(を引く)	6
赶	gǎn	[動]急ぐ、速める	9
赶路	gǎn lù	[組]道を急ぐ	9
钢笔	gāngbǐ	[名]万年筆；ペン	2,3,6
刚刚	gānggāng	[副]…したばかり；やっと、ようやく	9
港币	gǎngbì	[名]香港ドル(HK＄)	7
高	gāo	[形]高い	3,4,5,7
高兴	gāoxìng	[形]喜ぶ、うれしい	2,3,4,7,9
告辞	gàocí	[動]いとまを告げる	3
告戒	gàojiè	[動]戒める	10
告诉	gàosu	[動]告げる	2,5
歌	gē	[名]歌	1
歌舞伎	gēwǔjì	[名]歌舞伎	6
哥哥	gēge	[名]お兄さん	1,4
格外	géwài	[副]ことのほか	7

個 gè	[量] 個	3,4,6
個子 gèzi	[名] 身長	4,5,7
给 gěi	[動・介] くれる、あげる；…に	4,5,6,9
跟 gēn	[介] と	7,10
根儿 gēnr	[名] 根	2
公尺 gōngchǐ	[量] メートル	6
公分 gōngfēn	[量] センチメートル	6
公共汽车 gōnggòngqìchē	[名] 路線バス	7
公斤 gōngjīn	[量] キログラム	6
公里 gōnglǐ	[量] キロメートル	6
公顷 gōngqǐng	[量] ヘクタール	6
公升 gōngshēng	[量] リットル	6
公司 gōngsī	[名] 会社	4
公园 gōngyuán	[名] 公園	5,6
工厂 gōngchǎng	[名] 工場	6
工人 gōngrén	[名] (肉体)労働者	2
工作 gōngzuò	[名・動] 仕事(をする)	2,4
工作日 gōngzuòrì	[名] 勤務日	5
功课 gōngkè	[名] 学課、課業	5,8
姑姑 gūgu	[名] 父の姉妹	1,4
股票 gǔpiào	[名] 株	2
故事 gùshi	[名] 物語	1,5
故乡 gùxiāng	[名] 故郷、ふるさと、郷里	5
挂 guà	[動] かける	6
挂号信 guàhàoxìn	[名] 書留郵便	6
刮风 guā fēng	[組] 風が吹く	7
拐 guǎi	[動] 曲がる	5
关 guān	[動] 閉める	8,9
关门 guān mén	[組] 門を閉める；閉店する	9
关系 guānxi	[名] 関係	4
观众 guānzhòng	[名] 観衆	5
光盘 guāngpán	[名] CD、CD-ROM	2
广播 guǎngbō	[動・名] 放送する；ラジオ	4
贵 guì	[形] (値段または価値が)高い	7
国产 guóchǎn	[名] 国産の	3
过 guò(guo)	[動・助] 通る、過ぎる；…したことがある	1,7,8,9
过奖了 guòjiǎng le	[組] ほめすぎる、とんでもございません	1
过来 guòlai	[動] やってくる、近づく	9
过去 guòqù(guòqu)	[名・動] 過去、以前；通り過ぎる	9

H

还 hái	[副] また；まだ	2,4,6,8
还是 háishi	[副] それとも；やはり	4
孩子 háizi	[名] 子供	8,10
海关 hǎiguān	[名] 税関	2
韩国 Hánguó	[名] 韓国	9
汗 hàn	[名] 汗	7
汉语 Hànyǔ	[名] 中国語	3,5,7,8,9,10
汉语水平考试 Hànyǔshuǐpíngkǎoshì	[名] 中国語検定試験	10
汉字 Hànzì	[名] 漢字	8
好 hǎo	[形・副・名・動] よい；たいへん；よろしい；できる	1,2,3,4,7,8,9
好吧 hǎo ba	[名] よろしい	1,7
好不好 hǎo bù hǎo	[組] よろしいですか	4
好吃 hǎochī	[形] おいしい	5,8
好好儿 hǎohāor	[副] よく、十分に、ちゃんとしている	10

好久 hǎojiǔ	[形]長い間	2
好看 hǎokàn	[形]美しい、きれいである	8,10
好吗 hǎo ma	[組]よろしいですか	4,9
好 hào	[動]好む；よく…する	9
喝 hē	[動]飲む	1,3,4,9,10
喝茶 hē chá	[組]茶を飲む	3
和 hé	[介・連]…と	3,4,7
河 hé	[名]川	1,6
合适 héshì	[形]ちょうどよい、適当だ	8
合同 hétong	[名]契約	9
贺年卡 hèniánkǎ	[名]年賀状	9
黑 hēi	[形]黒い；暗い	3,8
黑心 hēi xīn	[組]腹黒い	10
很 hěn	[副]とても	2,3,6,7,8,9
恨 hèn	[形]恨む	9
红 hóng	[形]赤い	3
红茶 hóngchá	[名]紅茶	4
后 hòu	[方]後	3,9
后年 hòunián	[名]再来年	4
后天 hòutiān	[名]あさって	4
湖 hú	[名]湖	1
湖畔 húpàn	[名]湖畔	5
湖水 húshuǐ	[名]湖水	7
糊涂 hútu	[形]愚かである；訳がわからない	2
蝴蝶 húdié	[名]チョウチョウ	2
胡同 hútòng	[名]路地	3
互相 hùxiāng	[副]互いに	5
花 huā	[名]花	5,6
话 huà	[名]話	9
画 huà	[動]かく	9
画画儿 huà huàr	[組]絵をかく	4
坏 huài	[形]悪い、甚だしい；壊れる	4,9,10
环保 huánbǎo	[名]環境保護	2
黄 huáng	[形]黄色の	3,5
回 huí	[動・量]帰る；回数	8,9
回答 húidá	[動・名]回答（する）	4
回国 huí guó	[組]帰国する	10
回来 huílai	[組]帰ってくる	4,9
回去 huíqu	[組]帰っていく	9
回头 huí tóu	[組]振り返る；後ほど	1
回信 huí xìn	[組]返信	4
会 huì	[動・助動]修得した技能のできる；…はずだ	1,7,9,10
会话 huìhuà	[名・動]会話（する）	4,7,10
会议 huìyì	[名]会議	8
火车 huǒchē	[名]汽車	6,7,8
火炉 huǒlú	[名]こんろ、ストーブ	7
或是 huòshì	[連]…かそれとも…	6

J

鸡 jī	[名]ニワトリ	1
鸡蛋 jīdàn	[名]（ニワトリの）卵	4
基本 jīběn	[名]基本、基礎	2
基础 jīchǔ	[名]基礎、基盤	4
机会 jīhuì	[名]機会、チャンス、折	4
机场 jīchǎng	[名]空港	2
激光 jīguāng	[名]レーザー	2
极 jí	[副]極めて	3,7,9
急 jí	[形]急ぎの、速い	1,9
集合 jíhé	[動]集まる、集合する	1
及格 jígé	[動]合格する	4
即使 jíshǐ	[連]たとえ…としても	10
挤 jǐ	[形]込み合う	1
几 jǐ	[数]幾つ	4
几点 jǐ diǎn	[組]何時	8

几分 jǐ fēn	[組] 何分	8	
几个 jǐ ge	[組] いくつか、何個	4	
几个月 jǐ ge yuè	[組] 何ヶ月	4	
几号 jǐ hào	[組] 何日	8	
几乎 jīhū	[副] ほとんど	10	
几秒 jǐ miǎo	[組] 何秒	8	
几年 jǐ nián	[組] 何年	4	
几星期 jǐ xīngqī	[組] 何週間	4	
几月 jǐ yuè	[組] 何月	4,8	
几月几号 jǐ yuè jǐ hào	[組] 何月何日	4	
寄 jì	[動] 郵送する	1,4,6,9	
既 jì	[連] …の上に…だ	5	
嫉妒 jídù	[動] 嫉妬する、ねたむ	9	
计划 jìhuà	[名・動] 計画(する)	9	
计算机 jìsuànjī	[名] コンピューター、パソコン	5	
技术 jìshù	[名] 技術	1	
继续 jìxù	[動] 続く、継続する	1,9	
家 jiā	[名・量] 家；軒	5,9	
家里 jiāli	[名] 家、家庭	2,3,10	
家庭 jiātíng	[名] 家庭	2	
假 jiǎ	[形] にせである	5	
价廉物美 jiàlián-wùměi	[成] 品は上々で値段は格安	3	
检查 jiǎnchá	[動] 検査する、調べる、点検する	6	
简单 jiǎndān	[形] 簡単に	2,7,10	
见 jiàn	[動] 会う、見える	1,2,9	
件 jiàn	[量] 枚、着；通	8,10	
健康 jiànkāng	[形・名] 健康	2	
江南 jiāngnán	[名] 広く長江以南をさす	5	
将来 jiānglái	[名] 将来、未来	4	
讲 jiǎng	[動] 話す	3,5,9	
讲课 jiǎng kè	[組] 講義をする	4	
降落 jiàngluò	[動] 降下する、降りる	8	
教 jiāo	[動] 教える	5	
教室 jiàoshì	[名] 教室	4,9	
脚 jiǎo	[名] 足	9	
角 jiǎo	[量] (貨幣の単位)元の10分の1	7	
叫 jiào	[動] 呼ぶ；(名前は)…という；…せる、…させる	4,10	
觉 jiào	[名] 眠り、睡眠	10	
交换 jiāohuàn	[動] 交換する	4	
交际 jiāojì	[名] 交際	9	
胶卷 jiāojuǎn	[名] (写真用)フイルム	9	
饺子 jiǎozi	[名] ギョーザ	2	
节 jié	[量] 授業・文章などの区分を示す	4	
节目 jiémù	[名] 番組、プログラム	10	
结论 jiélùn	[名] 結論	10	
结束 jiéshù	[動] 終わる	8,9	
睫毛 jiémáo	[名] まつげ	5	
姐姐 jiějie	[名] お姉さん	4,10	
解决 jiějué	[動] 解決する	4	
介绍 jièshào	[動] 紹介する	5	
斤 jīn	[量] 重さの単位、1斤は500グラム	4,6,7	
进 jìn	[動] 入る	7,9	
进步 jìnbù	[名・動] 進歩(する)	4,10	
进来 jìnlai	[組] 入って来る	9	
进去 jìnqu	[組] 入っていく	9	
金牌儿 jīnpáir	[名] 金メダル	2	
今年 jīnnián	[名] 今年	4,5	
今天 jīntiān	[名] 今日	4,8	
紧张 jǐnzhāng	[形] 緊張、忙しい	4,7,8	
精彩 jīngcǎi	[形] すばらしい	3,10	
经常 jīngcháng	[副] 常に	4,5,7	
静静 jìngjìng	[形] (たいへん)静かだ	10	

語彙表 105

京剧 jīngjù	[名] 京劇	6
经历 jīnglì	[動・名] 経験(する)	8
经验 jīngyàn	[名] 経験	6
竞选 jìngxuǎn	[名・動] 選挙に立つ、…選挙に立候補する	9
九 jiǔ	[数] 九。大文字は「玖」	2
酒 jiǔ	[名] 酒	9,10
久违 jiǔwéi	[組] お久しぶりです	2
就 jiù	[副] すぐ	6
就是 jiùshì	[連] たとえ…でも	10
就职 jiù zhí	[組] 就職する	2
舅舅 jiùjiu	[名] 母方のおじ	4
橘子 júzi	[名] ミカン	4
举 jǔ	[動] 挙げる	1,9
举行 jǔxíng	[動] 挙行する、行う	2
句子 jùzi	[名] 文、センテンス	1
觉得 juéde	[動] 思う、感じる	9
决定 juédìng	[名・動] 決定(する)	2

K

咖啡 kāfēi	[名] コーヒー	4
卡车 kǎchē	[名] トラック	1
卡拉OK kǎlāOK	[名] カラオケ	4
开 kāi	[動] 開ける；開く；つける；運転する；咲く	4,6,8
开车 kāi chē	[組] (車を)運転する	9
开户 kāi hù	[組] (銀行に)口座を設ける	2
开会 kāi huì	[組] 会議を開く	10
开朗 kāilǎng	[形] 明るい	5
开始 kāishǐ	[動] 始まる、始める	8
开水 kāishuǐ	[名] 湯	4
开演 kāiyǎn	[動] (芝居などが)開演する	8
看 kàn	[動] 見る	2,4,5,7,8,9
看到 kàn dào	[組] 見える、目に入る	3
考 kǎo	[動] 試験する	8,9,10
考试 kǎoshì	[名・動] 試験(する)	2,6,8
科学 kēxué	[名] 科学	4
咳嗽 késou	[動] 咳(をする)	6
渴 kě	[形] 喉が渇いている	1
可能 kěnéng	[名] 可能性、見込み	4
可是 kěshì	[連] しかし	8
可以 kěyǐ	[動・助動] …できる；よろしい	1,9
可以吗 kěyǐ ma	[組] よろしいですか	4
克 kè	[量] グラム	6
克隆人 kèlóngrén	[名] クローン人間	4
课 kè	[名] 授業	1,3,4,7,8
课本 kèběn	[名] 教科書	3
课堂 kètáng	[名] 教室	9
课文 kèwén	[名] 教科書中の本文	9
客户 kèhù	[名] 得意先	9
客气 kèqi	[形] 遠慮する；礼儀正しい	1,3,10
客人 kèrén	[名] 客	3
肯德基 Kěndéjī	[名] ケンタッキー	4
空儿 kòngr	[名] すきま；暇	8
空气 kōngqì	[名] 空気	9
空调 kōngtiáo	[名] エアコン	6
哭 kū	[動] 泣く	1
苦 kǔ	[形] 苦い；苦しい	10
裤子 kùzi	[名] ズボン	3
快 kuài	[形] 速い	3,9,10
快餐 kuàicān	[名] 手軽な飲食物	2
快餐店 kuàicāndiàn	[名] 軽食堂	4
快要 kuàiyào	[副] まもなく、もうすぐ	8
块 kuài	[量] 塊状や片状のものを数える；(貨幣の単位)元	7

筷子	kuàizi	[名]箸	4
宽敞	kuānchǎng	[形]広々としている	5
款待	kuǎndài	[動]ねんごろにもてなす	3
狂	kuáng	[形]狂う;激しい	1
困	kùn	[形]眠くなる	10
困难	kùnnan	[名・形]困難	6

L

拉	lā	[動]引く	1
垃圾	lājī	[名]ごみ	3
辣子鸡丁	làzǐjīdīng	[名]中華料理の一種(とりにくカシューナッツいため)	10
来	lái	[動・助] 来る;動作への積極的な姿勢を示す;…ぐらい	3,4,5,7,8,9
来信	lái xìn	[組]手紙が届く	4
蓝	lán	[形]青い	3
篮球	lánqiú	[名]バスケットボール	2
劳驾	láojià	[組](相手に頼むとき)すみませんが、恐れ入りますが	1
老	lǎo	[頭・形]…さん;年をとっている	5
老师	lǎoshī	[名]先生	2,3,4,5,6,9,10
老样子	lǎoyàngzi	[名]従来の様子	2
姥姥	lǎolao	[名](母方の)おばあさん	4
姥爷	lǎoye	[名](母方の)おじいさん	4
了	le	[助]…した;になった	1,3,4,6
累	lèi	[形]疲れる	9
冷	lěng	[形]寒い;冷たい	4,7,10
离	lí	[介]…から	8
厘米	límǐ	[量]センチメートル	6
里	lǐ	[量・方](長さの単位)1里は500メートル;中、奥	3,6
里拉	lǐlā	[名](イタリアの貨幣単位)リラ	7
礼拜	lǐbài	[名]曜日	4
礼物	lǐwù	[名]プレゼント	2
立刻	lìkè	[副]すぐ	1
例如	lìrú	[連]たとえば	1
历史	lìshǐ	[名]歴史	1,3,4
连	lián	[介]…さえ、…すら	8
连衣裙儿	liányīqúnr	[名]ワンピース	2
恋人	liànrén	[名]恋人	5
练	liàn	[動]練習する	8
练习	liànxí	[名・動]練習(する)	2,4,5,7,10
凉快	liángkuai	[形]涼しい	7
凉爽	liángshuǎng	[形]涼しい、さわやかである	7
两	liǎng	[数・量]二つ;二;(重さの単位)両	6,7,10
两点半	liǎngdiǎn bàn	[組]二時半	8
两点过五分	liǎngdiǎn guò wǔfēn	[組]二時五分過ぎ	8
两点三刻	liǎngdiǎn sānkè	[組]二時四十五分	8
两点三十(分)	liǎngdiǎn sānshí(fēn)	[組]二時三十分	8
两点十五(分)	liǎngdiǎn shíwǔ(fēn)	[組]二時十五分	8
两点四十五(分)	liǎngdiǎn sìshíwǔ(fēn)	[組]二時四十五分	8
两点五十五(分)	liǎngdiǎn wǔshíwǔ(fēn)	[組]二時五十五分	8
两点一刻	liǎngdiǎn yīkè	[組]二時十五分	8

两点(钟) liǎngdiǎn(zhōng)	[組]二時		5,8
两个人 liǎng ge rén	[組]二人		5
两千二百五(十块) liǎng qiān èr bǎi wǔ(shí kuài)	[組]二千二百五十元		7
两万二(千块) liǎng wàn èr(qiān kuài)	[組]二万二千元		7
两万零二百零二 liǎng wàn líng èr bǎi líng èr	[数]二万二百二		7
两万零一 liǎng wàn líng yī	[数]二万一		7
亮 liàng	[動]ともる;(夜が)明ける		8,10
聊天 liáotiān	[動]雑談する;(インターネットで)チャットをする		4,8
零 líng	[数]ゼロ		2
零钱 língqián	[名]こぜに(小銭)		7
领导 lǐngdǎo	[動・名]指導する；指導者		10
流利 liúlì	[形]流暢		7,10
流行性感冒 liúxíngxìnggǎnmào	インフルエンザ		6
留 liú	[動]残る		10
留学 liúxué	[名・動]留学(する)		4,9
留学生 liúxuéshēng	[名]留学生		4,6
六 liù	[数]六。大文字は「陆」		2
楼 lóu	[名・量]ビル；ビルの階数		6
鲁迅 Lǔ Xùn	[名]中国の有名な文学家（1881～1936）		9
路 lù	[名]道；路線		5,6
录音 lùyīn	[名・動]録音(する)		7
录音机 lùyīnjī	[名]カセットテープ・レコーダー		4,5,8
旅行 lǚxíng	[名・動]旅行(する)		2,5,9,10
旅游 lǚyóu	[名・動]旅行(する)		7,9
绿 lǜ	[形]緑(の)		3
绿茶 lǜchá	[名]緑茶		4
律师 lǜshī	[名]弁護士		2

M

妈 mā	[名]おかあさん		1
妈妈 māma	[名]おかあさん		4,9
麻 má	[名]アサ		1
麻烦 máfan	[形・名]煩わしい；面倒		1,2,9
麻将 májiàng	[名]マージャン		9
马 mǎ	[名]馬		1
马克 mǎkè	[名](ドイツの貨幣単位)マルク		7
马上 mǎshàng	[副]すぐ		1
骂 mà	[動]ののしる		1
吗 ma	[助]文末に疑問を表す		1,4
买 mǎi	[動]買う		4,9
买卖 mǎimai	[名]商売		2
卖 mài	[動]売る		7,9
麦当劳 Màidāngláo	[名]マクドナルド		4
慢 màn	[形]遅い、のろい、ゆっくりである		3
慢走 màn zǒu	[組]お気をつけてお帰りください		3,10
忙 máng	[形]忙しい		2
毛 máo	[量]口語の角、1元の10分の1		7
毛笔 máobǐ	[名]筆		6
帽子 màozi	[名]帽子		3,8

没 méi	[動・副] ない；…していない		4,7,8
没关系 méi guānxi	[組] かまわない、差し支えない、大丈夫だ		9
没问题 méi wèntí	[組] 大丈夫だ		1
没有 méiyǒu	[動・副] ない、いない		6,7
美国 Měiguó	[名] アメリカ合衆国		7
美丽 měilì	[形] 美しい、綺麗だ		5
美元 měiyuán	[名] 米ドル。"美金měijīn"ともいう		7
每天 měitiān	[名] 毎日		4,8
妹妹 mèimei	[名] 妹		4
门 mén	[名] 門、ドア		8,9
门诊 ménzhěn	[名] 外来診療部門		2
闷热 mēnrè	[形] 蒸し暑い		7
梦 mèng	[名] 夢；理想		9
米 mǐ	[量] メートル		5,6
米饭 mǐfàn	[名] ライス		4
密码 mìmǎ	[名] 暗証番号；パスワード		2
秘密 mìmì	[名・形] 秘密；秘密の		5
秘书 mìshū	[名] 秘書		10
面 miàn	[方] …の方		3
面条儿 miàntiáor	[名] うどん、拉麺		4,7
秒 miǎo	[量] 秒		8
秒钟 miǎozhōng	[量] 秒		8
民族 mínzú	[名] 民族		4
明白 míngbai	[動] わかる、理解する		9
明亮 míngliàng	[形] （光線が）明るい		5
明年 míngnián	[名] 来年		4
明天 míngtiān	[名] 明日		4,6,9,10
名片 míngpiàn	[名] 名刺		4
名字 míngzi	[名] 名前		4
摩托车 mótuōchē	[名] オートバイ		6,10
墨汁儿 mòzhīr	[名] 墨汁		2
亩 mǔ	[量] 畝		6
目前 mùqián	[名] 目下		2
木樨肉 mùxiròu	[名] 肉入り卵焼き		10

N

拿 ná	[動] 持つ		1,9
哪 nǎ	[代] どれ、どの		1,3
哪个 nǎ ge	[組] どれ、どの		4
哪里 nǎli	[代] どこ		2,3
哪里哪里 nǎli nǎli	[組] どういたしまして		1
哪怕 nǎpà	[連] たとえ…でも		10
哪年 nǎ nián	[組] 何年		4
哪儿 nǎr	[代] どこ		1,3,4,6
哪儿的话 nǎr de huà	[組] どういたしまして		3
那 nà	[代] それ、その；あれ、あの		1,3
那边 nàbiān	[代] そこ、あそこ		1
那里 nàli	[代] そこ、あそこ		3
那么 nàme	[代] そのように、それほど；それでは		3,7
那儿 nàr	[代] そこ、あそこ		3
那样 nàyàng	[代] そんな、あんな		3
奶奶 nǎinai	[名] 父方の祖母		4
难 nán	[形] 難しい		7
南 nán	[方] 南		3
南方 nánfāng	[名] 南方		7
南极 Nánjí	[名] 南極		8
呢 ne	[助] 疑問の語気を示す		1,4
能 néng	[助動] …できる		1,7,8,9
你 nǐ	[代] あなた		1,2,3,4,5,9
你好 nǐ hǎo	[組] こんにちは		1,2
你好吗 nǐ hǎo ma	[組] お元気ですか		2,4

你们 nǐmen	[代] あなたたち	3,5
年 nián	[名] 年	4
年级 niánjí	[名] 学年	4,5
年纪 niánjì	[名] 年齢	4,7
年轻 niánqīng	[形] 年が若い	2
念 niàn	[動] 声を出して読む	4,9
您 nín	[代] あなた、"你"の敬称	2,3,4
您贵姓 nín guì xìng	[組] お名前は何とおっしゃいますか	4
宁可 nìngkě	[連] むしろ、いっそ	10
农村 nóngcūn	[名] 農村	2
弄 nòng	[動] いじる	10
努力 nǔlì	[動] 努力する	9, 10
暖和 nuǎnhuo	[形] 暖かい	2,4
女儿 nǚ'ér	[名] 娘	6

O

| 噢 ō | [嘆] ああ | 1 |
| 欧元 ōuyuán | [名] ユーロ | 7 |

P

爬 pá	[動] はう；登る	1,9
爬山 pá shān	[組] 登山（する）	3
怕 pà	[形] 恐れる	1
排球 páiqiú	[名] バレーボール	4
盼 pàn	[動] 待ち望む	4
旁 páng	[方] そば	6
旁边 pángbiānr	[方] 横、そば	3
跑 pǎo	[動] 走る	3,5,8,9
跑步 pǎo bù	[組] 駆け足（をする）、ジョギングする	4
泡 pào	[動] 漬る；時間をつぶす	4
朋友 péngyou	[名] 友達	5,6,7,9

批评 pīpíng	[動] 注意する	10
啤酒 píjiǔ	[名] ビール	10
疲劳 píláo	[形] 疲れる	8
便宜 piányi	[形・動]（値段が）安い；（値段を掛け合うとき）まける	2,5,7,8
漂亮 piàoliang	[形] 美しい	10
品牌 pǐnpái	[名] ブランド	4
瓶 píng	[量] 瓶に入っているものを数える	10
平成 píngchéng	[名] 年号の平成	5
平方公里 píngfānggōnglǐ	[量] 平方キロメートル	6
平方米 píngfāngmǐ	[量] 平方メートル	6
苹果 píngguǒ	[名] リンゴ	2,7
破 pò	[形・動] ぼろぼろの；壊れる、破れる	1
扑克 pūke	[名] トランプ	9
葡萄 pútao	[名] ブドウ	3

Q

七 qī	[数] 七。大文字は「柒」	2
七上八下 qīshàng-bāxià	[成] 心が乱れるさま	2
期末 qīmò	[名] 学期末	8
骑 qí	[動] 乗る、またがる	1,4
起 qǐ	[動] 起きる	1,9
起床 qǐ chuáng	[組] 起床する	2,4
起飞 qǐfēi	[動]（飛行機が）離陸する	8
起来 qǐlai	[動] 起きる；…しはじめる	2,9
气功 qìgōng	[名] 気功	8
汽车 qìchē	[名] 自動車	1,4,6
汽水 qìshuǐ	[名] 炭酸を入れた清涼飲料水の総称	2

千 qiān	[数] 千		7
签 qiān	[動] サインする		9
铅笔 qiānbǐ	[名] 鉛筆		3,6
钱 qián	[名] お金		4
钱包 qiánbāo	[名] サイフ		10
前 qián	[方] 前		3,5
前年 qiánnián	[名] おととし		4
前天 qiántiān	[名] おととい		4
墙 qiáng	[名] 壁		6
墙上 qiáng shang	[組] 壁に		3
桥 qiáo	[名] 橋		6
青岛 Qīngdǎo	[名] 青島		10
轻轻 qīngqīng	[形] 軽く、そっと		10
轻松 qīngsōng	[形] 気楽である		3,9
清楚 qīngchu	[形] はっきりしている		2,3,10
清新 qīngxīn	[形] すがすがしい		9
情况 qíngkuàng	[名] 情況、様子		2
顷 qǐng	[量] 土地面積の単位 1顷＝6.6667ヘクタール		6
请 qǐng	[動] …してください		3,4
请多关照 qǐng duō guānzhào	[組] どうぞよろしく		4
请假 qǐng jià	[組] 休暇をもらう		2
请进 qǐng jìn	[組] どうぞお入りください		3
请留步 qǐng liú bù	[組] どうぞそのまま、お見送りには及びません		3
请慢走 qǐng màn zǒu	[組] お気をつけてお帰りください		3
请问 qǐngwèn	[動] お尋ねします、お伺いします		4,5,7
请坐 qǐng zuò	[組] どうぞお掛けください		3
去 qù	[動] 行く		1,3,4,5,7,9
去年 qùnián	[名] 去年、昨年		4
取得 qǔdé	[動] 取得する		1
群 qún	[量] 群れ		3

R

然后 ránhòu	[副] それから		10
让 ràng	[動] 譲る；…せる、…させる		10
热 rè	[形] 暑い、熱い		2,4,6,7
热情 rèqíng	[形] 熱意、親切		5,10
人 rén	[名] 人		2,3,4
人大 Réndà	[名] 人民代表大会或いは中国人民大学の略		9
人家 rénjia	[代] ほかの人		3,9
人们 rénmen	[名] 人たち		3,7,10
人民币 rénmínbì	[名] 人民元		7
人数 rénshù	[名] 人数		4
认识 rènshi	[動] 知り合う；認識(する)		4,5,10
认为 rènwéi	[動] …と考える		9
认真 rènzhēn	[形] 真剣に、まじめに		3,8,10
日本 Rìběn	[名] 日本		3,7
日常会话 rìchánghuìhuà	[名] 日常会話		10
日语 Rìyǔ	[名] 日本語		1,3,4,5
日语系 Rìyǔxì	[名] 日本言語文学部		5
日元 rìyuán	[名] 日本円		7
日子 rìzi	[名] 暮らし；日数		1,4
容易 róngyi	[形] やさしい、たやすい、容易である		2,7
如果 rúguǒ	[連] もし…ならば		9
入会 rù huì	[組] 入会(する)		9

| 入世 rù shì [組] 実世界に出る；WTO加盟 2
| 入学 rù xué [組] 入学する 5
| 软盘 ruǎnpán [名] フロッピィディスク 9

S

| 三 sān [数] 三。大文字は「叁」 2
| 三明治 sānmíngzhì [名] サンドイッチ 3
| 三五成群 sānwǔ-chéngqún [成] 三三五五群れをなす 7
| 嗓子 sǎngzi [名] のど 6
| 山 shān [名] 山 6,9
| 山尖儿 shānjiānr [名] 山頂 2
| 山下 shān xià [組] 山の下 9
| 散步 sànbù [動] 散歩する 7
| 商店 shāngdiàn [名] 商店、店 6,9
| 商人 shāngrén [名] 商人 10
| 晌午 shǎngwǔ [名] 正午、昼 8
| 上 shàng [方・動] 上；受ける、通う；上がる 3,4,6,7,9,10
| 上个月 shàng ge yuè [組] 先月 4
| 上海 Shànghǎi [名] 上海 7
| 上课 shàng kè [組] 授業に出る、授業をする 1,4,7
| 上来 shànglai [組] 上がってくる 9
| 上去 shàngqu [組] 上がっていく 9
| 上网 shàng wǎng [組] インターネットにつなぐ 5,8
| 上午 shàngwǔ [名] 午前 8
| 上星期 shàngxīngqī [名] 先週 4
| 少 shǎo [形] 少ない 4,7,10
| 社会 shèhuì [名] 社会 4
| 身高 shēn'gāo [名] 身長 5
| 身体 shēntǐ [名] 身体、体 2

| 深夜 shēnyè [名] 深夜 8
| 什么 shénme [代] 何、どんな 3,4,5,10
| 升 shēng [量] リットル 6
| 生活 shēnghuó [名・動] 生活（する） 4
| 生 shēng [動] 生れる 9
| 生气 shēngqì [動] 腹が立つ、怒る；生気、活気 7,10
| 胜利 shènglì [動] 勝利（を収める）、勝つ 2
| 失败 shībài [動] 負ける、敗北する 9
| 失眠 shī mián [組] 眠れない 2
| 师傅 shīfu [名] 技芸をもつ人に対する広く用いる尊称 1,4,6
| 十 shí [数] 十。大文字は「拾」 2
| 十二点 shí'èrdiǎn [名] 十二時 8
| 十九号 shíjiǔhào [名] 19日 4
| 十三亿五千七百八十万 shísān yì wǔqiān qī bǎi bāshí wàn [数] 十三億五千七百八十万 7
| 十五块五(毛) shíwǔ kuài wǔ(máo) [組] 十五元五毛 7
| 十一月 shíyīyuè [名] 十一月 4
| 十字路口 shízìlùkǒu [名] 十字路 5
| 时 shí [名] …時 9
| 时候 shíhou [名] 時 4
| 时间 shíjiān [名] 時間 2,6,7,10
| 时装 shízhuāng [名] ファッション 7
| 什锦拼盘 shíjǐnpīnpán [名] オードブル 10
| 什刹海 Shíshàhǎi [名] 北京市内の湖 7
| 食堂 shítáng [名] 食堂 2
| 实际 shíjì [名・形] 実際；実際の 1
| 实现 shíxiàn [動] 実現する 9

实在 shízài	[形]確かに、本当に 9			い 2,6,7
石头 shítou	[名]石 1		叔叔 shūshu	[名]おじ(父の弟) 1,4
石油 shíyóu	[名]石油 2		暑假 shǔjià	[名]夏休み 4,10
使 shǐ	[動]使；…せる、…させる 10		暑期 shǔqī	[名]夏休みの期間 9
市尺 shìchǐ	[量]尺、約1メートルの3分の1 6		刷卡 shuā kǎ	[組]クレジット・カードを使う 2
世界 shìjiè	[名]世界 4,9		双手 shuāngshǒu	[名]両手 9
事 shì	[名]事、事柄；用事 1,8,10		谁 shuí/shéi	[代]だれ、どなた 2,3,4,10
事情 shìqing	[名]事、事柄；用事 6		睡 shuì	[動]眠る、寝る 4,10
是 shì	[動]…は…である；はい 1,4,5		睡觉 shuìjiào	[動]眠る、寝る 7,8
试 shì	[名・動]試験、試みる 1,9		水果 shuǐguǒ	[名]果物 2,3,7
试管婴儿 shìguǎnyīng'ér	[名]試験管ベビー 4		水灵灵 shuǐlínglíng	[形]みずみずしい；生き生きしている 7
收入 shōurù	[名]収入 2		水平 shuǐpíng	[名]レベル 6,7
收拾 shōushi	[動]かたづける 10		水中 shuǐ zhōng	[組]池(海・川・湖など)のなか 3
手表 shǒubiǎo	[名]腕時計 2		说 shuō	[動]言う 3,9
手机 shǒujī	[名]携帯電話 2,6		说服 shuōfú	[動]説得する 10
手势 shǒushì	[名]手まね、合図 2		死 sǐ	[動]死ぬ；極点に達した 9
手提电脑 shǒutídiànnǎo	[名]ノートパソコン 6		四 sì	[数]匹。大文字は「肆」
首都 shǒudū	[名]首都 6		四川菜 Sìchuāncài	[名]四川料理 4
书 shū	[名]書物 1,3,9		思想 sīxiǎng	[名]思想 2,4
书法 shūfǎ	[名]書道 5		送 sòng	[動]送る 5
书架 shūjià	[名]書架 6		松柏 sōngbǎi(sōngbó)	[名]松柏 1
输 shū	[動]負ける 1		松劲 sōngjìn	[動]力を緩める 10
鼠标 shǔbiāo	[名]マウス 2		苏州 Sūzhōu	[名]蘇州 7
数 shǔ	[動]数える 1		速度 sùdù	[名]速度 3
数码相机 shùmǎxiàngjī	[名]デジタルカメラ 4,9		宿舍 sùshè	[名]寮、寄宿舎 1,4,6
束 shù	[量]束ねたものを数える 5		虽然 suīrán	[連]…ではあるが… 8
树 shù	[名]樹木 1,6		岁 suì	[名]歳 4,5
树林 shùlín	[名]林 2		孙女 sūnnǚ	[名]まごむすめ 6
舒服 shūfu	[形]気分がよい、心地よい		孙子 sūnzi	[名]孫 5,6
			所 suǒ	[助]"为"か"被"と一緒に受身を表す 10
			所以 suǒyǐ	[連]したがって、だから 7

語彙表 113

T

他 tā	[代]	かれ	1,3,4,5
他们 tāmen	[代]	彼ら	3,4,5
她 tā	[代]	彼女	3,6,9
她们 tāmen	[代]	彼女たち	3
它 tā	[代]	それ、あれ	3
它们 tāmen	[代]	それら、あれら	3
台 tái	[量]	台	6
太 tài	[副]	ひどく、甚だしく	3,7
态度 tàidu	[名]	態度、話しぶり	2
谈 tán	[動]	話す、談話する	4
糖 táng	[名]	砂糖；あめ	3
糖醋鱼 tángcùyú	[名]	甘酢あんかけの魚料理	10
躺 tǎng	[動]	横臥する	10
讨论 tǎolùn	[名・動]	討論(する)	3
讨厌 tǎoyàn	[動]	嫌う、嫌がる	9
桃子 táozi	[名]	桃	7
特别 tèbié	[副]	とりわけ、ことのほか	7
疼 téng	[形]	痛い	6,9
踢 tī	[動]	ける	1
提 tí	[動]	引っ提げる；引き上げる	1
添 tiān	[動]	付け加える、増やす	9
天 tiān	[名]	空；日数；天気	3,4,5,8,9,10
天津 Tiānjīn	[名]	天津市	7
天气 tiānqì	[名]	天気	4,7
甜 tián	[形]	甘い **举一反三** 苦kǔ 辣là 酸suān 咸xián 涩sè	7
田中 Tiánzhōng	[名]	(日本人の姓)田中	8
条件 tiáojiàn	[名]	条件	6
跳 tiào	[動]	跳ぶ、踊る	3
跳槽 tiàocáo	[動]	転職する	2
跳舞 tiàowǔ	[名・動]	ダンス(をする)	4,7
贴 tiē	[動]	貼る	10
听 tīng	[動]	聞く	3,4,5,7,9
听说 tīngshuō	[動]	…だそうだ	6,8
听听 tīngting	[動]	ちょっと聞く、聞いてみる	9
停 tíng	[動]	止まる	9
挺 tǐng	[副]	とても	7,9
通过 tōngguò	[動]	通過する	10
同意 tóngyì	[動]	賛成する	1,4,5
通知 tōngzhī	[名・動]	知らせ(る)、通知(する)	2
偷 tōu	[動]	盗む	10
头 tóu	[名・方]	頭；…方	3
头发 tóufa	[名]	髪	5
图 tú	[名]	図	9
图书 túshū	[名]	図書	1
图书馆 túshūguǎn	[名]	図書館	5,6
徒步 túbù	[動]	歩行する	9
徒弟 túdì	[名]	徒弟、弟子	6
托您的福 tuō nín de fú（托福 tuōfú）	[組]	おかげさまで	2

W

袜子 wàzi	[名]	靴下	1,3
外 wài	[量]	外	3
外国 wàiguó	[名]	外国	2
外面 wàimian	[名]	外	9,10
外语 wàiyǔ	[名]	外国語	9
完 wán	[動]	おわる	3,7,9
玩儿 wánr	[動]	遊ぶ	3,4,5,7,9
碗 wǎn	[名・量]	碗	8

晚 wǎn	[名・形]	晚、夜；おそい	4
晚安 wǎn'ān	[組]	おやすみなさい	1
晚饭 wǎnfàn	[名]	夕食	10
晚会 wǎnghuì	[名]	夕方から催すパーティー	2
晚上 wǎnshang	[名]	夕方、夜、晚	1,6,7,8
万 wàn	[数]	万	7
万事如意 wànshìrúyì	[成]	万事が思いどおりである	9
王 Wáng	[名]	姓の"王"	5
往 wǎng	[介]	…に向けて	5,9
网吧 wǎngbā	[名]	インターネットカフェ	4
网虫 wǎngchóng	[名]	ネットフリーク	2
忘记 wàngjì	[動]	忘れる	5,10
危险 wēixiǎn	[形]	危ない	2,6
微波炉 wēibōlú	[名]	電子レンジ	6
围棋 wéiqí	[名]	囲碁	8
为 wèi	[介]	…のために	10
为什么 wèishénme	[代]	なぜ、どうして	1,4
为止 wéizhǐ	[介]	…までとする	9
位 wèi	[量]	敬意をもって人を数える	10
文化 wénhuà	[名]	文化	6
文件 wénjiàn	[名]	公文書、文書；ファイル	9
文学 wénxué	[名]	文学	2,3
文章 wénzhāng	[名]	文章	2
蚊帐 wénzhàng	[名]	カヤ	6
蚊子 wénzi	[名]	蚊	6
问 wèn	[動]	尋ねる、聞く	5
问题 wèntí	[名]	問題	2,4,5,6,7
我 wǒ	[代]	わたし	1,2,3,4,5
我们 wǒmen	[代]	私たち	3,4,5,10
握手 wòshǒu	[動]	握手する	3
屋 wū	[名]	家室、部屋	1
屋子 wūzi	[名]	部屋	1,4
巫 wū	[名]	巫術(をする人)	1
无 wú	[動]	ない、存在しない、無	1
舞 wǔ	[名・動]	踊り、踊る	1
午后 wǔhòu	[名]	午後	8
午前 wǔqián	[名]	午前	8
武警 wǔjǐng	[名]	武装警察	2
五 wǔ	[数]	五。大文字は「伍」	2
五日 wǔrì	[名]	五日	4
五十 wǔshí	[数]	五十	3
五月 wǔyuè	[名]	五月	4
误 wù	[動]	誤らせる；遅れる	1
物价 wùjià	[名]	物価	7
物理 wùlǐ	[名]	物理学	1

X

西 xī	[方]	西	3
西班牙语 Xībānyáyǔ	[名]	スペイン語	3
西瓜 xīguā	[名]	西瓜	7
希望 xīwàng	[名・動]	希望(する)	9
习惯 xíguàn	[動・名]	慣れる、習慣	4
洗 xǐ	[動]	洗う	3,9
洗手 xǐ shǒu	[組]	手を洗う	10
洗衣机 xǐyījī	[名]	洗濯機	6
洗澡 xǐ zǎo	[組]	入浴する	4,7
喜欢 xǐhuan	[動]	好きだ、好む、愛する	4,8,9
喜讯 xǐxùn	[名]	吉報	10
细品 xì pǐn	[組]	子細に賞味する	10
下 xià	[方・量・動]	下；動作の回数を表す；降る；	

語彙表　115

	降りる；終わる；打つ	1,3,5,8,9,10
下次 xià cì	[組] 次回	4
下岗 xià gǎng	[組] リストラ	2
下个月 xià ge yuè	[組] 来月	4
下来 xiàlai	[組] 下りてくる	9
下去 xiàqu	[組] 下りていく、下がる	9
下午 xiàwǔ	[名] 午後	8
下星期 xiàxīngqī	[組] 来週	4
下雨 xià yǔ	[組] 雨が降る	7,9
夏天 xiàtiān	[名] 夏 *举一反三* 春天 chūntiān 秋天 qiūtiān 冬天 dōngtiān	6
先 xiān	[副] 先に	7,10
先生 xiānsheng	[名]（成年男性に対する敬称）…さん	10
现在 xiànzài	[名] いま	4,5,8
相当 xiāngdāng	[副] かなり	7
享受 xiǎngshòu	[動] 享受する	9
想 xiǎng	[動・助動] 思う；…したい	9,10
像 xiàng	[副] …しそうだ、…のようだ	6,7
向 xiàng	[介] …に向かって、…へ	5
橡皮 xiàngpí	[名] 消しゴム	3
小 xiǎo	[形・頭] 小い；…くん、…さん	5,7
小吃儿 xiǎochīr	[名] おやつ	2
小姑娘 xiǎogūniang	[名] 少女	10
小孩儿 xiǎoháir	[名] 子供	6
小姐 xiǎojiě	[名] 若い女性への呼び方	5
小时 xiǎoshí	[量]（時の経過を数える単位）時間	5,8
小事 xiǎoshì	[名] 小さな事	10
小说 xiǎoshuō	[名] 小説	8,9
小天地 xiǎo tiāndì	[組] 小さい世界	6
小偷 xiǎotōu	[名] 泥棒	10
小写 xiǎoxiě	[名] 小文字	2
消息 xiāoxi	[名] ニュース	2
些 xiē	[量] いくらかという不定の数や量を表す	3
鞋（子） xié(zi)	[名] 靴	3
写 xiě	[動] 書く	3,4,8,9,10
谢谢（了） xièxie(le)	[組] ありがとう	2,3,5,6
新 xīn	[形] 新しい	5
新闻联播 xīnwénliánbō	[名] ニュースの総合放送（中国中央テレビ局の番組）	8
辛苦 xīnkǔ	[形] 苦労する、つらい	3
信 xìn	[名] 手紙	4,8,9,10
信封 xìnfēng	[名] 封筒	2,10
信用卡 xìnyòngkǎ	[名] クレジット・カード	6,9
心想事成 xīnxiǎng-shìchéng	[成] 心の願いがかなえられる	9
行 xíng	[組] 結構です	1
行啊 xíng a	[組] 結構です	2
行李 xíngli	[名] 荷物	9
行吗 xíng ma	[組] よろしいですか	4
姓 xìng	[名・動] 姓；姓は…である	4
星期 xīngqī	[名] 曜日	4
星期二 xīngqī'èr	[名] 火曜日	4
星期几 xīngqī jǐ	[組] 何曜日	4,8
星期六 xīngqīliù	[名] 土曜日	4
星期三 xīngqīsān	[名] 水曜日	4,8
星期四 xīngqīsì	[名] 木曜日	4
星期天 xīngqītiān	[名] 日曜日	4

星期五	xīngqīwǔ	[名]金曜日	4
星期一	xīngqīyī	[名]月曜日	4
兴奋	xīngfèn	[形]興奮する	9,10
兴冲冲	xìngchōngchōng	[形]浮き浮きするさま、うれしそうに	9
兴趣	xìngqù	[名]興味	9
休息	xiūxi	[動]休む、休憩する	5,8
学	xué	[動]学ぶ	3,4,5,8,9
学生	xuésheng	[名]学生	4,5,6,10
学习	xuéxí	[動・名]学習(する)	4,10
学校	xuéxiào	[名]学校	6
雪	xuě	[名]雪	1

Y

燕京	Yānjīng	[名]燕京(北京の別称)	10
严重	yánzhòng	[形]厳しい、厳重である	6
颜色	yánsè	[名]色	2
研究	yánjiū	[動・名]研究(する)	5,10
研究生	yánjiūshēng	[名]大学院生	10
眼睛	yǎnjing	[名]目	5
演出	yǎnchū	[動]出演する	2
演员	yǎnyuán	[名]俳優	5
药	yào	[名]薬	6,8
药水儿	yàoshuǐr	[名]水薬	2
要	yào	[動・助動]要る；…しなければならない	4,7,9,10
要求	yāoqiú	[動・名]要求(する)	6
要是	yàoshi	[連]もし…ならば	9
夜间	yèjiān	[名]夜、夜間	8
夜里	yèli	[名]夜	8
爷爷	yéye	[名](父方の)おじいさん	4,5
也	yě	[副]も	1,3,7
也许	yěxǔ	[副]…かも知れない	1,4

一	yī	[数]一。大文字は「壹」	2,4
一百零一	yī bǎi líng yī	[数]百一	7
一百一十五块五(毛)	yī bǎi yīshíwǔ kuài wǔ(máo)	[組]百十五元五角	7
一百一(十)	yī bǎi yī(shí)	[数]百十	7
一百	yī bǎi	[数]百	7
一般	yībān	[形]一般的に	6
一杯	yī bēi	[組]一杯	2
一本	yī běn	[組]一冊	2
一定	yīdìng	[副]必ず、きっと	2,8,9
一帆风顺	yīfānfēngshùn	[成]順風満帆	9
一个	yī ge	[組]一つ	2,5,9
一个人	yī ge rén	[組]一人	9
一个月	yī ge yuè	[組]一カ月	4
一会儿	yīhuìr	[名]しばらく(短い時間)	3,4,8,9
一九几几年	yījiǔ jǐ jǐ nián	[組]千九百何十何年	4
一九九几年	yījiǔjiǔ jǐ nián	[組]千九百九十何年	4
一口气	yīkǒuqì	[副]一気に	9
一块零五(分)	yī kuài líng wǔ(fēn)	[組]一元五分	7
一块五毛五(分)	yī kuài wǔ máo wǔ(fēn)	[組]一元五角五分	7
一块五(毛)	yī kuài wǔ(máo)	[組]一元五角	7
一两	yī liǎng	[組]一両	2
一路平安	yīlùpíng'ān	[成]道中ご無事で	10
一毛五(分)	yī máo wǔ(fēn)	[組]一角五分	7
一年	yī nián	[組]一年	2,5
一起	yīqǐ	[副]一緒に	4,5,9

語彙表 117

一切 yīqiè	[代] 一切の	2
一天 yī tiān	[組] 一日	2,8
一下 yī xià	[組] ごくわずかな時間内の動作	1,6,9
一星期 yī xīngqī	[組] 一週間	4
一样 yīyàng	[形] 同じ	7
一月 yīyuè	[名] 一月	4
一直 yīzhí	[副] ずっと	2,4,5,8
一致 yīzhì	[形] 一致(する)	2
衣(服) yī(fu)	[名] 服	1,3,7,9
医 yī	[名] 医者；医学	1
医生 yīshēng	[名] 医者	9
伊藤 Yīténg	[名] (日本人の姓)伊藤	8
姨(妈) yí(mā)	[名] 母の姉妹	4,6
夷 yí	[名] 昔、異民族をいう、夷(えびす)	4,6
倚 yǐ	[動] もたれる、寄りかかる	1
以后 yǐhòu	[名] 以後	9
以前 yǐqián	[名] 以前	2
以来 yǐlái	[名] 以来	10
以外 yǐwài	[方] …の外。"之外zhīwài"ともいう	4
以为 yǐwéi	[動] …と思う	9
以身做则 yǐshēnzuòzé	[成] 身をもって範を示す	10
已经 yǐjīng	[副] すでに	3,4,8
椅子 yǐzi	[名] 椅子	6
亿 yì	[数] 億	7
译 yì	[動] 訳す	1
意大利 Yìdàlì	[名] イタリア	7
意大利语 Yìdàlìyǔ	[名] イタリア語	3
意见 yìjian	[名] 意見、考え	6,9
意思 yìsi	[名] 意味	1
意义 yìyì	[名] 意義	1
因为 yīnwèi	[連] …なので、…だから	7
音量 yīnliàng	[名] 音量	10
音乐 yīnyuè	[名] 音楽	2,7,9
银行 yínháng	[名] 銀行	2,5
樱花 yīnghuā	[名] サクラの花	4,6
迎宾 yíng bīn	[組] 賓客を迎える	5
影响 yǐngxiǎng	[名・動] 影響(する)	2
英镑 yīngbàng	[名] 英ポンド	7
英语 Yīngyǔ	[名] 英語	3,5
永远 yǒngyuǎn	[副] 永遠に、いつまでも	2
用 yòng	[動] 使う、用いる	4,9
优待 yōudài	[動] 優遇(する)	9
邮局 yóujú	[名] 郵便局	6
邮票 yóupiào	[名] 郵便切手	10
游戏机 yóuxìjī	[名] ゲーム機	7
游泳 yóuyǒng	[動] 泳ぐ、水泳する	4,7
有 yǒu	[動] いる、ある	6,9
有关 yǒuguān	[動] …に関する	10
有些 yǒuxiē	[代・副] ある、一部(の)；少し	6
有一天 yǒu yī tiān	[組] ある日	9
友谊 yǒuyí	[名] 友情	10
又 yòu	[副] また	5
右 yòu	[方] 右	3
迂 yū	[形] 時代遅れである	1
于 yú	[介] …に	9
愚 yú	[形] 愚かである	1
鱼 yú	[名] 魚	1
雨 yǔ	[名] 雨	1,9,10
愉快 yúkuài	[形] 愉快である、うれしい	3,5,10
遇 yù	[動] (偶然に)あう	1
语法 yǔfǎ	[名] 文法	2
预习 yùxí	[名・動] 予習(する)	1,4,7

元 yuán	[量](貨幣の単位)元	7	
原谅 yuánliàng	[動]許す、勘弁する	9	
圆周率 yuánzhōulǜ	[名]円周率	5	
圆珠笔 yuánzhūbǐ	[名]ボールペン	3,6	
远 yuǎn	[形]遠い	4	
远方 yuǎnfāng	[名]遠方	9	
愿 yuàn	[動]願う、祈る	9	
月亮 yuèliang	[名]月	2	
越……越…… yuè,yuè	[組]…すればするほど…	10	

Z

在 zài	[動・介・副]いる、ある；…に、…で；…しているところだ	4,6,8
在……下 zài,xià	[組]…の下で、…によって	6,9
再 zài	[副]再び、もっと、また	3,4,10
再见 zàijiàn	[組]さようなら	1
咱们 zánmen	[代](話し手と聞き手の双方を含む)私たち	3,4,5
赞成 zànchéng	[動]賛成する	9
脏 zāng	[形]汚い	7
早 zǎo	[名・形]朝；早い	4
早晨 zǎochen	[名]朝	8
早日 zǎorì	[副]一日も早く	10
早上 zǎoshang	[名]朝	1,8
怎么 zěnme	[代]どう、どのように	3,4,5
怎么卖 zěnme mài	[組]どう売りますか、いくらですか	7
怎(么)样 zěn(me)yàng	[代]どんな、どのような；どうですか	2,3,4,7,9
展览 zhǎnlǎn	[名・動]展覧(する)	4,7
站 zhàn	[動・名]立つ；駅	4,8
张 zhāng	[量・名]枚、台、脚；姓の"张"	4,6
丈 zhàng	[量](長さの単位)丈	6
丈夫 zhàngfu	[名]夫	6
着 zháo/zhe	[動・助]目的を達成か結果が現れたことを表す；…している	8,9
找 zhǎo	[動]捜す；釣り銭を出す	6,7
兆 zhào	[数・名]兆	7
照顾 zhàogu	[動]考慮を払う；世話を焼く	2
照相 zhào xiàng	[組]写真を撮る	4,9
折 zhé	[名]値引き	9
这 zhè	[代]この、これ	1,3,4
这个 zhè ge	[組]この、これ	3,8
这个星期 zhèi ge xīngqī	[組]今週	4
这个月 zhèi ge yuè	[組]今月	4
这里 zhèli	[代]ここ、こちら	3
这么 zhème	[代]このように、こんなに	3
这儿 zhèr	[代]ここ、こちら	3
这些 zhè xiē	[組]これらの	3
这样 zhèyàng	[代]こんな、このような	3
真 zhēn	[副]ほんとう	2,7,9
真假 zhēnjiǎ	[名]真偽	4
争取 zhēngqǔ	[動]実現をめざして努力する	8
整理 zhěnglǐ	[動]整理する	9
整齐 zhěngqí	[形]整然としている	3,10
正 zhèng	[副]…している(ところだ)	8
正午 zhèngwǔ	[名]正午	8

語彙表

政府 zhèngfǔ	[名] 政府		2
知 zhī	[動] 知る		6
知道 zhīdao	[動] 知っている		8,10
知识 zhīshi	[名] 知識		1,6
支票 zhīpiào	[名] 小切手		2
之前 zhīqián	[方] …の前		10
只 zhǐ	[副] ただ…だけ		6
只要 zhǐyào	[接] …しさえすれば		9
只有 zhǐyǒu	[接] ただ…だけが…だ		9
纸 zhǐ	[名] 紙		1,9
至少 zhìshǎo	[副] 少なくとも		9
质量 zhìliàng	[名] 品質		8
中关村 Zhōngguāncūn	[名] 北京郊外の町		5
中国 Zhōngguó	[名] 中国		3,7,9
中国人 Zhōngguórén	[名] 中国人		6
中间 zhōngjiān	[方] 真ん中		3
中文 Zhōngwén	[名] 中国語		4
中文系 Zhōngwénxì	[名] 中国言語文学部		5
中午 zhōngwǔ	[名] 昼ごろ		8
钟头 zhōngtóu	[名] 時間		8
重要 zhòngyào	[形] 重要		10
周 zhōu	[名] 週間		4,5
周游 zhōuyóu	[動] 周遊する		9
猪 zhū	[名] ブタ		1
住 zhù	[動] 住む、泊まる		5,6,9
祝 zhù	[動] 祈る		4,10
主意 zhǔyi	[名] 定知；恵見		1,6
注意 zhùyì	[動] 気をつける、注意を払う		1,9
抓紧 zhuājǐn	[動] しっかりつかむ		10
撞 zhuàng	[動] ぶつかる		10
准备 zhǔnbèi	[動] 準備する、用意する		6,8
准确 zhǔnquè	[形] 確かである、正確である		3
桌子 zhuōzi	[名] 机、テーブル		5,6
字 zì	[名] 文字		1
自 zì	[介] …から		9
自己 zìjǐ	[代] 自分		3
自行车 zìxíngchē	[名] 自転車		4,6,10
资料 zīliào	[名] 資料		6
宗教 zōngjiào	[名] 宗教		2
总是 zǒngshì	[副] いつも		9
走 zǒu	[動] 歩く		3,4,5,9
组织 zǔzhī	[名・動] 組織(する)		1
赚钱 zuàn qián	[組] 金を稼ぐ		10
最近 zuìjìn	[名] 最近、近頃		2,4,7
左 zuǒ	[方] 左		3,5
坐 zuò	[動] 座る、腰掛ける；乗る		3,4,5,7,10
做 zuò	[動] する、やる		1,3,4,7,9,10
做菜 zuò cài	[組] 料理を作る		9
昨天 zuótiān	[名] 昨日		4
作业 zuòyè	[名] 宿題		3,4,7,9

中国方言地图

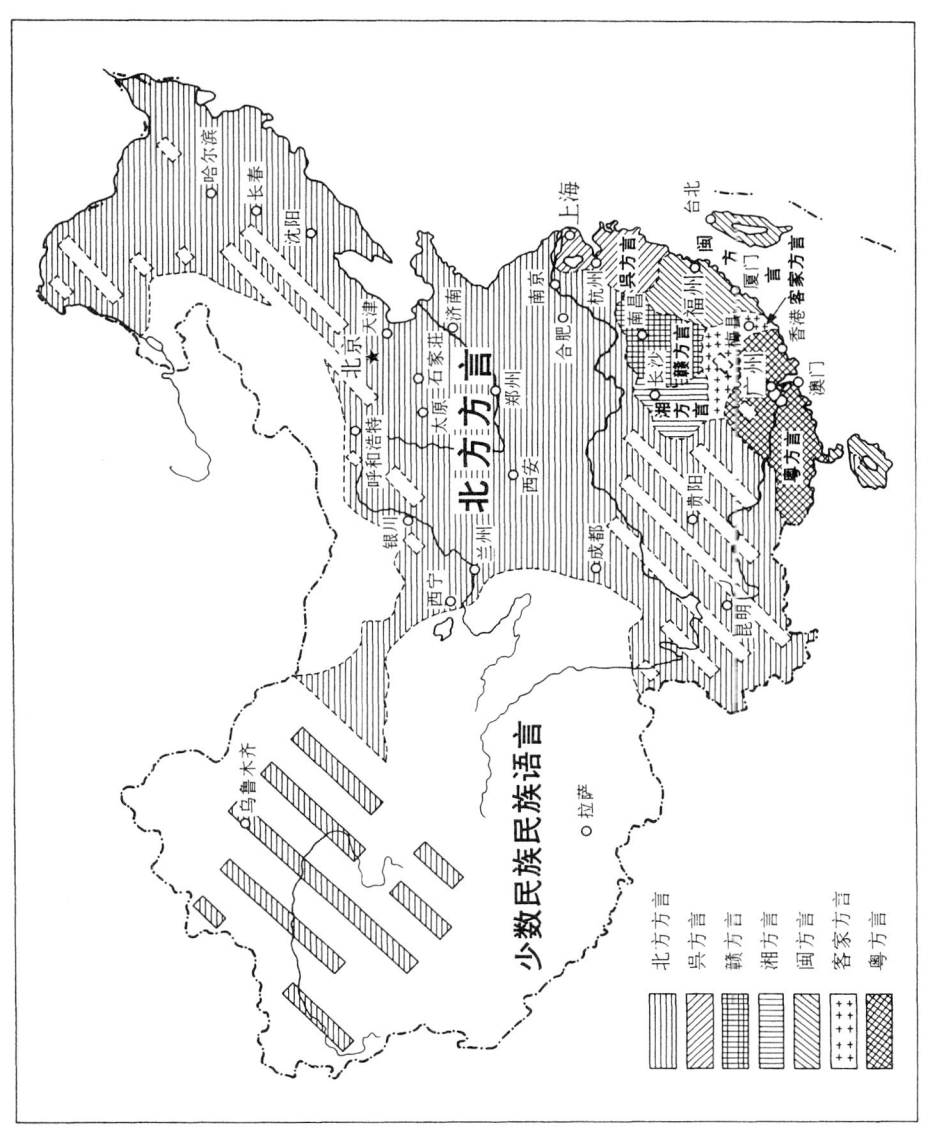

中国語音節表

音位	韻母\声母	開口呼													齊歯呼		
		-i	a	o	e	ê	er	ai	ei	ao	ou	an	en	ang	eng	ong	i	ia	iao
唇音	b		ba	bo				bai	bei	bao		ban	ben	bang	beng		bi		biao
	p		pa	po				pai	pei	pao	pou	pan	pen	pang	peng		pi		piao
	m		ma	mo	me			mai	mei	mao	mou	man	men	mang	meng		mi		miao
	f		fa	fo					fei		fou	fan	fen	fang	feng				
舌尖音	d		da		de			dai	dei	dao	dou	dan	den	dang	deng	dong	di	dia	diao
	t		ta		te			tai		tao	tou	tan		tang	teng	tong	ti		tiao
	n		na		ne			nai	nei	nao	nou	nan	nen	nang	neng	nong	ni		niao
	l		la		le			lai	lei	lao	lou	lan		lang	leng	long	li	lia	liao
舌根音	g		ga		ge			gai	gei	gao	gou	gan	gen	gang	geng	gong			
	k		ka		ke			kai	kei	kao	kou	kan	ken	kang	keng	kong			
	h		ha		he			hai	hei	hao	hou	han	hen	hang	heng	hong			
舌面音	j																ji	jia	jiao
	q																qi	qia	qiao
	x																xi	xia	xiao
捲舌音	zh	zhi	zha		zhe			zhai	zhei	zhao	zhou	zhan	zhen	zhang	zheng	zhong			
	ch	chi	cha		che			chai		chao	chou	chan	chen	chang	cheng	chong			
	sh	shi	sha		she			shai	shei	shao	shou	shan	shen	shang	sheng				
	r	ri			re					rao	rou	ran	ren	rang	reng	rong			
舌歯音	z	zi	za		ze			zai	zei	zao	zou	zan	zen	zang	zeng	zong			
	c	ci	ca		ce			cai		cao	cou	can	cen	cang	ceng	cong			
	s	si	sa		se			sai		sao	sou	san	sen	sang	seng	song			
零声母		-i	a	o	e	ê	er	ai	ei	ao	ou	an	en	ang	eng		yi	ya	yao

	齐　齿　呼						合　口　呼								撮　口　呼			
	iou	ian	in	iang	ing	iong	u	ua	uo	uai	uei	uan	uen	uang	ueng	ü	üe	üan	ün
e		bian	bin		bing		bu												
e		pian	pin		ping		pu												
e	miu	mian	min		ming		mu												
							fu												
e	diu	dian			ding		du		duo		dui	duan	dun						
		tian			ting		tu		tuo		tui	tuan	tun						
e	niu	nian	nin	niang	ning		nu		nuo			nuan				nü	nüe		
e	liu	lian	lin	liang	ling		lu		luo			luan	lun			lü	lüe		
							gu	gua	guo	guai	gui	guan	gun	guang					
							ku	kua	kuo	kuai	kui	kuan	kun	kuang					
							hu	hua	huo	huai	hui	huan	hun	huang					
e	jiu	jian	jin	jiang	jing	jiong										ju	jue	juan	jun
e	qiu	qian	qin	qiang	qing	qiong										qu	que	quan	qun
e	xiu	xian	xin	xiang	xing	xiong										xu	xue	xuan	xun
							zhu	zhua	zhuo	zhuai	zhui	zhuan	zhun	zhuang					
							chu	chua	chuo	chuai	chui	chuan	chun	chuang					
							shu	shua	shuo	shuai	shui	shuan	shun	shuang					
							ru	rua	ruo		rui	ruan	run						
							zu		zuo		zui	zuan	zun						
							cu		cuo		cui	cuan	cun						
							su		suo		sui	suan	sun						
e	you	yan	yin	yang	ying	yong	wu	wa	wo	wai	wei	wan	wen	wang	weng	yu	yue	yuan	yun

> 小社の書籍は、ホームページでも
> 紹介、販売しております。
> どうぞご覧ください。

文法・練習を中心に　中国語急就篇　初級から中級まで

2002年4月1日　初版発行
2014年5月1日　6刷発行

著　者　王　瑞　来
発行者　佐藤康夫
発行所　白　帝　社
　　　　〒171-0014　東京都豊島区池袋2-65-1
　　　　電話 03-3986-3271　　FAX 03-3986-3272
　　　　info@hakuteisha.co.jp　　http://www.hakuteisha.co.jp

組版　柳葉コーポレーション　　印刷・製本　大藤社

Printed in Japan 〈検印省略〉6914　　ISBN978-4-89174-544-8
＊定価は表紙に表示されています。